КАББАЛИСТЫ XXI ВЕКА

ГРУППА БНЕЙ-БАРУХ ГЛАЗАМИ УЧЕНИКА

Бруштейн Михаил
КАББАЛИСТЫ XXI ВЕКА.
Группа Бней-Барух глазами ученика.
ARI Publishers, 2021. – 296 с.
Напечатано в Израиле.

Brushtein Michael
The Kabbalists of the 21st Century:
Bnei Baruch through the Eyes of a Student.
ARI Publishers, 2021. – 296 pages.
Printed in Israel.

ISBN 978-965-551-028-7
DANACODE 760-162

    Проблема нашего отношения к миру в том, что оно строится на предыдущем опыте, без понимания настоящих причин произошедшего. Каббала объясняет причины прошлых событий, а также что и почему нам ждать в будущем.
    Не существует абстрактного каббалистического мировоззрения. Существуют законы и закономерности природы, которые раскрыла наука каббала.
    Однако, каббала – это прежде всего люди. Кто такие каббалисты? Что именно происходит внутри каббалистической группы? Об этом неизвестно практически ничего.
    Группа Бней-Барух – самая узнаваемая и многочисленная в мире. О том, что волнует каббалистов, как они взаимодействуют, что ими движет, рассказано в этой книге. Автор – непосредственный и активный участник большинства описанных событий начиная с 1997 г. и по сегодняшний день.

ISBN 978-965-551-028-7
DANACODE 760-162

© ARI Publishers, 2021
© Бруштейн М., 2021

МИХАИЛ БРУШТЕЙН

КАББАЛИСТЫ XXI ВЕКА

ГРУППА БНЕЙ-БАРУХ ГЛАЗАМИ УЧЕНИКА

2021

Оглавление

ВСТУПЛЕНИЕ 9
ПРЕДИСЛОВИЕ 13
ВЫХОД ИЗ МАТРИЦЫ 15
КТО СОЗДАЛ ИЗРАИЛЬ 19
БНЕЙ-БРАК 23
АБСУРДНОЕ ПРОРОЧЕСТВО 27
АВАРИЯ 29
АВРААМ И НИМРОД 33
ЖЕЛАНИЕ 37
ЧТО ИЗУЧАЕТ КАББАЛА 39
ОГОНЬ ВОДА И… 43
КАББАЛИСТЫ ПОДНИМАЮТ ГИРИ 47
ПОБОЧНЫЙ ЭФФЕКТ 49
КВАНТОВЫЙ ПЕРЕХОД 53
ЕСЛИ РАБОТА МЕШАЕТ 57
XX ВЕК ЗА ПЯТЬ МИНУТ 61
СУББОТЫ 65
НАРОД МОРАЛИ 69
УТРЕННИЙ УРОК 73
ВОСХОД АНТИСЕМИТИЗМА 75
ДРАМА 1-ОЙ ДЕСЯТКИ 79
УКРОЩЕНИЕ ЭГОИЗМА 83
1-Й МИРОВОЙ ЦЕНТР 85
ПРОТИВОЕСТЕСТВЕННЫЕ ПРАЗДНИКИ 89
КФАР СИТРИН. ПРОДОЛЖЕНИЕ 93
РОЖДЕНИЕ СЕМИНАРА 97
ЗАРУБЕЖНЫЕ КОНГРЕССЫ 101

ЗАВЕТНАЯ ФОРМУЛА	105
КОНГРЕССЫ. ПРОДОЛЖЕНИЕ	109
ПРОСТО ТАК НАС НЕ ВЫПУСТЯТ	113
КАК ПРЕПОДАВАТЬ КАББАЛУ	117
СОЦИАЛИЗМ НЕ БЫЛ	121
ЗАГЛЯНУТЬ В БУДУЩЕЕ	125
КАББАЛИСТИЧЕСКАЯ СОСТАВЛЯЮЩАЯ	129
ЗАГЛЯНУТЬ В БУДУЩЕЕ. ПРОДОЛЖЕНИЕ	133
БААЛЬ СУЛАМ	135
ВЫХОД В БОЛЬШОЙ МИР	149
РАБАШ	153
КАББАЛИСТИЧЕСКАЯ ГАЗЕТА	163
МИССИЯ ИЗРАИЛЯ	167
ЦЕЛЬ – РАСПРОСТРАНЕНИЕ	171
НЕПРЕДСКАЗУЕМЫЕ ПОСЛЕДСТВИЯ	175
ТЕЛЕВЕЩАНИЕ	177
ПУРИМ	181
ЖЕНЩИНЫ И КАББАЛА	185
МУЖЧИНА И ЖЕНЩИНА	187
НАШ НОВЫЙ ДОМ	191
РЕАЛЬНОСТЬ РЕАЛЬНОСТИ	195
ПРОЕКТ «БУРАТИНО»	199
НОЖ ДОЛЖЕН БЫТЬ НА КУХНЕ	203
«ВМЕСТЕ» В ПУТЬ	207
ОРУЖИЕ ПРОТИВ ВИРУСА	211
ВНУТРЕННИЕ ВРАГИ	215
ЭГОИЗМ – ДВИГАТЕЛЬ ПРОГРЕССА	219
А-РАБАШ №12	223
АНТИСЕМИТИЗМ ДЛЯ ИЗРАИЛЬТЯН	227
КАК ПОБОРОТЬ АНТИСЕМИТИЗМ	231
РЕАКЦИИ НА НАШИ МАТЕРИАЛЫ	235
КНИГИ	239

ШИМОН БАР ЙОХАЙ И КНИГА ЗОАР 243
КНИГИ И НЕ ТОЛЬКО 247
ЯЗЫК ВЕТВЕЙ 251
КОНФЛИКТЫ И НАОБОРОТ 253
КАК ПОБЕДИТЬ BDS 257
ОБ УЧИТЕЛЕ..263
МИХАЭЛЬ ЛАЙТМАН И ИНТЕГРАЛЬНЫЙ МИР ..267
КОРОНАЭПОХА..277
КОРОНАРЕВОЛЮЦИЯ 281
ЗАКЛЮЧЕНИЕ...285
ОБ АВТОРЕ..287
ПРИЛОЖЕНИЕ 290

ВСТУПЛЕНИЕ

Коронавирус держит взаперти всю планету. Но не это главное. Сам факт того, что природа может так просто и быстро заставить человечество выполнять свои приказы, говорит о многом.

Прежде всего, пришло время лишиться раз и навсегда нашего человеческого высокомерия. «Царь природы», «венец творения» – все это пустые слова, не имеющие никакого отношения к действительности.

Мы один из элементов природы, способный на сегодняшний день только портить другие элементы и вредить самим себе. О нашей власти над природой не может идти речи не только сегодня, но и в обозримом будущем. Таким, какими мы являемся сегодня, это просто противопоказанно.

Но это так, мелочи. Проблема в другом. В таком виде, то есть с вывернутым наизнанку общечеловеческим сознанием, мы живем с незапамятных времен.

По преданиям, этот процесс берет свое начало со времен древнего Вавилона – около 4 000 лет назад. Человек решил, что он сможет подчинить себе природу полностью и окончательно. Об этом нам напоминает библейская история построения Вавилонской башни.

С тех пор этот процесс лишь набирает обороты. Тогда человек решил, что доказательством его вселенской мощи является изобретение кирпичной кладки. Сегодня эта иллюзия расширилась достижениями в генной инженерии и нанотехнологии.

От этих иллюзий нас с обидной легкостью избавил малютка COVID-19. А ведь это всего лишь один вид из миллиона с лишним видов вирусов, существующих на планете. Кстати говоря, общее количество вирусов превышает общее число всех остальных биологических объектов на Земле вместе взятых.

В те же времена Вавилона начался и другой, противоположный, хотя и не менее знаменитый процесс.

Родоначальник еврейского народа Авраам объявил громогласно о единобожии, а по сути провозгласил, что человек вовсе не властитель, а наоборот, единственный природный элемент, который необходимо исправлять.

Таким образом перед человеком стоит дилемма. Исправлять, изменять, прогибать под свои нужды мир или меняться, изменяться и постараться соответствовать законам гармонии, царящим в природе. Гематрия (численное значение слов на иврите) Творец и Природа равны.

Главное условие этого изменения, соответствия с природой – объединение. То есть единство человечества, несмотря на все различия. Точнее сказать – подъем над ненавистью или эгоизмом, который и является сутью человека.

Как сказал один литературный герой – «это выглядит парадоксом». Природа наделяет человека определенным качеством, и она же, природа, вынуждает человека от этого качества избавиться.

Об этом парадоксе можно много говорить, и к этому мы еще вернемся, но сейчас несколько слов о том тексте, который, возможно, вы захотите прочесть.

Здесь показано, как на рубеже конца XX и первой половины XXI века проходила и проходит практическая работа по изменению того, что лежит в основе природы человека – эгоизма.

Это реализуется с помощью методики, основы которой заложил в свое время Авраам. Речь идет не о религии, а о каббале.

Автор идет этим путем более 20 лет, а потому имеет право, по крайней мере моральное, об этом писать.

PS.
1. **Цель повествования – рассказать о знаковых событиях, а не о конкретных людях. По этой причине, а также по этическим соображениям, автор избегает называть конкретные имена.**
2. **Для того чтобы читатель мог лучше понять израильско-еврейскую реальность, внутри которой идет повествование, параллельно с основной канвой следуют главы с историческими и другими обзорами.**

ПРЕДИСЛОВИЕ

25.02.1991. понедельник, 5:30 утра, Израиль, Бней-Брак.
Это была 39-я модернизированная советская ракета СКАД, долетевшая из Ирака в Израиль.
Под звуки громкой серены расстояние между посылкой Саддама Хусейна и домом быстро сокращалось. Случайные зрители – люди, одетые в черные одежды, затаили дыхание.
В десятке метров от крыши ракета неожиданно для присутствующих (и, возможно, для самой себя) резко сменила курс и полетела заканчивать свое никчемное существование на ближайшем пустыре.
Минутой раньше в этом доме коренастый пожилой мужчина обратился к женщине, замершей в оцепенении в углу.
– Ничего не бойся. Этот непрошенный посланец, родившийся в Советском Союзе, не причинит никому вреда. Между прочим, Советский Союз, сам того не зная, посылает нам и хороших посланцев. Часть из них уже здесь, а некоторые по дороге сюда...

За неделю до этого. СССР, Одесса.
Молодые мужчина и женщина смотрят телевизор.
Голос диктора: «После начала обстрела Израиля СКАДами очередь к Израильскому посольству в Москве исчезла...»
– Помнишь, раньше люди там стояли целую неделю. Наше время наступило. Все, завтра полечу в Москву за визами...

ВЫХОД ИЗ МАТРИЦЫ

Нет никакой стены между нашим и неземным, духовным миром. Но именно то, что духовный мир – это антимир по своим свойствам, и делает его не ощущаемым для нас настолько, что рождаясь в нашем мире, т.е. получая его природу, мы полностью забываем о своем предыдущем анти-состоянии.[1]

В фильме «Матрица» главный герой в какой-то момент жизни узнал, что существует еще что-то, кроме той реальности, в которой он находится. Это можно назвать пробуждением.

Пробуждение, а точнее, первая его стадия, у меня лично наступило в Израиле, куда я приехал в 1991 году из Одессы вместе с хорошо беременной женой и девятилетней дочкой.

Роль будильника сыграл радиоприемник – такая коробка с электронной начинкой, способная заносить в дом всякую всячину, минуя входную дверь. С помощью этого прибора в одну осеннюю пятницу 1997 года я «наткнулся» на незнакомую радиопрограмму.

Два энергичных человека разговаривали между собой на русском языке. Одного я тут же прозвал про себя «баритоном», а другого – «ученым». Речь шла о неких духовных мирах. «Баритон» с азартом задавал вопросы, а «ученый» спокойно и уверенно на них отвечал. Они что-то говорили, я что-то слышал.

---

[1] М. Лайтман. Постижение высших миров. LKP, 2016 Израиль. С. 16.

В какой-то момент я поймал себя на мысли, что мне интересно их слушать, хотя говорили они вещи абсолютно непонятные и скорее даже абстрактные.

В конце передачи «баритон» объявил, что эти беседы транслируются регулярно каждую пятницу. Потом были еще какие-то объявления, но всего этого я уже не слышал. В голове застряли лишь день и время следующей трансляции. Программа так меня зацепила, что целую неделю я не находил себе места.

Самое интересное заключается в том, что никогда никакие методики, как, впрочем, и религии, учения, философии и прочие «духовные» материи меня никогда не интересовали. Я всегда считал себя тем, кем меня воспитали – законченным материалистом – реалистом.

Нет, в том, что что мироздание создано кем-то или чем-то, у меня сомнений, конечно, не было. Моя уверенность строилась на жизненном опыте. Нигде и никогда ничего само не создается и не появляется. Зато ржавеет, гниет, ломается, сгорает, – этого сколько угодно.

Наконец наступила пятница, и вот я уже сижу в ожидании возле радиоприемника.

После радиопозывных прозвучало то, что я прозевал в прошлый раз – название передачи: «Каббала – наука жизни». В памяти тут же всплыло одно событие полугодовой давности.

Тогда у меня на тепловозе появился новый помощник. Этот выходец одной из южных республик бывшего СССР выделялся своим религиозным прикидом: большая кипа, черный пиджак и кудрявая душманская борода. Прикид не помешал ему заинтересоваться романом братьев Стругацких, который он увидел у меня. Я дал ему почитать роман, а взамен получил книгу о каббале некоего Берга.

Что-то меня в этой книге зацепило. Я даже не поленился съездить в Тель-Авив, чтобы купить такую же. После более детального знакомства с этой довольно пухлой книгой, я поостыл, поскольку заметил в ней много нелогичностей и явных спекуляций.

Сейчас, слушая о каббале, но в совершенно другом ракурсе, огонь интереса к ней, почти было зачахший, воспылал с новой силой.

Следующую, как, впрочем, и все последующие передачи я уже записывал на магнитофон, вплоть до закрытия программы в октябре 1999 г.

Радиостанция, которая транслировала программу, называлась: «Аруц-7». Это пиратская радиостанция вела передачи с судна, дрейфующего в нейтральных водах. Сигнал был неустойчивый, поэтому, как в «добрые времена» советских глушилок, я растянул в комнате проволочную антенну...

КТО СОЗДАЛ ИЗРАИЛЬ
(исторический обзор)

Вся современная история возрождения и заселения страны выглядит иррационально.

Чтобы признать еврейское государство, американскому президенту Гарри Трумэну пришлось в свое время преодолевать сильнейшую конфронтацию в Белом Доме. Госдепартамент, государственный секретарь, министр обороны – все были против.

Сталину, в свою очередь, если и пришлось преодолевать конфронтацию, так только со своими личными антипатиями. Большая политика вынудила Сталина сделать больше других лидеров мировых держав, чтобы в 1948 году на карте мира появился Израиль.

Показательно, что относительно ратификации «Декларации о создании Израиля» между великими державами даже разгорелось соревнование.

Президент Гарри Трумэн объявил о признании Израиля уже через 11 минут после декларации Бен-Гуриона о создании страны. Вместе с тем, это было признание де-факто, что не подразумевало полных дипломатических отношений.

СССР, в свою очередь, признал Израиль «только» через два дня, но зато сразу де-юре. Таким образом, СССР был первой страной, установившей с Израилем официальные дипломатические отношения. США сделали такой же шаг лишь в 1949 году.

Сразу после провозглашения государства, когда началась война с арабскими странами, именно СССР обеспечил поставку оружия Израилю через Чехословакию.

В то же время США объявило эмбарго на поставки оружия на Ближний Восток.

Историки говорят, что лишь особый, неожиданно возникший двухмесячный временной коридор в тогдашней международной обстановке позволил возникнуть государству. Складывается ощущение, что Израиль появился не благодаря желанию мирового сообщества, а наоборот, – вопреки.

С момента своего создания, государство находится под постоянным политическим и военным давлением. ООН раз за разом принимает очередную антиизраильскую резолюцию. Идеологии целых стран направлены на уничтожение Израиля. Разве не удивительно, что целые нации объявляли целью своего существования уничтожение еврейского народа, а теперь уже – еврейского государства. И что самое поразительное – за Израилем не признают права на существование не только арабы, но и сами евреи.

Нам не нужен Израиль для влияния на арабский мир. Наоборот, Израиль причиняет нам больше вреда, чем пользы в арабском мире.[2]

Подведем итоги. Евреи ехать в Израиль не хотят, но едут. Государство Израиль возродилось неожиданно и вопреки всему. Все это выглядит очень странно. Набор таких «случайностей» наводит на мысль о существовании некой закономерности.

---

[2] Киссинджер Генри. Бывший государственный секретарь США. Родился в 1923 г. в ортодоксальной еврейской семье, которая в 1938 г., спасаясь от нацистских преследований, эмигрировала из Германии в США.

Очень похоже, что за всем этим стоит некий план. Вопрос в том, какова конечная цель этого плана и кто за этим планом стоит.

Менее всего, конечно, можно было бы объяснить историческую судьбу еврейства с точки зрения материалистического понимания истории. Мы тут прикасаемся к тайне истории.[3]

---
[3] Бердяев Н. А. (1874-1948) – русский философ и публицист.

БНЕЙ-БРАК

Спустя некоторое время я позвонил по номеру, который рекламировался на каждой передаче. Трубку поднял сам рав[4] Лайтман. Я попросил прислать мне видеокассеты, которые регулярно рекламировались в радиопередаче. В ответ мне были рекомендованы аудиокассеты. Я настаивал на видео. Победил не я…

Вскоре по почте ко мне пришли 25 аудиокассет и книга, которую написал сам Михаэль Лайтман. На кассетах были записаны его уроки, которые он давал уже в течение трех месяцев. Я «проглотил» все это за неделю и решил ехать в Бней-Брак – место очных занятий. О Бней-Браке мне было известно, что это самый религиозный город в Израиле, и что там, пять лет тому назад, я купил автомобиль.

Город встретил меня нечистыми улицами, переполненными гудящим автотранспортом, и пешеходами – энергичными людьми в черных на футбольный манер гетрах и такого же цвета шляпах. Они ходили всюду, где хотели. А хотели они почему-то ходить по проезжей части, затрудняя и так еле живое движение.

Несмотря ни на что, нужную мне улицу Райнес я нашел и, припарковав машину, ступил на свежее асфальтное пятно. Номеров на домах, как принято в Израиле, почти не было. Надежда была только на прохожих.

---

[4] Равом в период изгнания с духовного уровня, называется человек, сведущий в земном выполнении обрядов. Рав от слова «большой». Так называют ученики М. Лайтмана в знак уважения.

Оглядевшись, я обратил внимание на двух угрюмых бородачей, проходивших мимо и говоривших на русском языке.

Я спросил бородачей об искомом адресе. Окинув меня неодобрительным взглядом, они предложили следовать за ними. Уже через минуту мы оказались рядом с ржавой калиткой, за которой находилось неказистое строение.

Путь от калитки к домику пролегал по кривой бетонной дорожке. Поднявшись по ступенькам, я оказался внутри небольшого узко-длинного помещения. Стены были обставлены большими железными стеллажами, заполненными книгами и аудиокассетами. В правой части помещения, посредине, стоял длинный стол, вокруг которого рассаживались люди. Все они были русскоязычными. Нескольким новичкам вроде меня выдали нетолстую книжку на иврите в черном тисненом переплете.

В 19.00 пришел Михаэль Лайтман – нестарый человек с белоснежной бородой и такого же цвета волосами. Он начал урок по статье каббалиста Бааль Сулама «Птиха ле хохмат а-каббала» (Введение в науку каббала). Эта была статья, которую я учил по присланным мне кассетам. Оказалось, что я попал на продолжение курса, который изучал дома.

Учитель зачитывал абзац из книги, затем переводил на русский язык. После подробного объяснения слушатели задавали вопросы. Его ответы обладали одной особенностью. Часто они казались неполными, а иногда адресовались не задавшему их, а кому-то другому, например, мне...

Через несколько посещений мне стало понятно, что вечерний урок является лишь видимой вершиной айсберга, а под водой, т.е. за кулисами, проходит какая-то другая, тайная для меня жизнь. Что это за жизнь, выяснилось очень нескоро.

В тот же день я вступил в первый контакт с членом каббалистической группы Бней-Барух, или коротко ББ. Им оказался невозмутимый восточного вида человек. Он продавал каббалистические книги. Вытянуть из него лишнее слово было невозможно, парень был явно не говорун.

АБСУРДНОЕ ПРОРОЧЕСТВО
(исторический обзор)

На рубеже 19-го и 20-го веков произошло невероятное. Начало сбываться предсказание, сделанное около 2,5 тыс. лет назад.

> *И возьму вас из народов, и соберу вас из всех стран, и приведу вас в землю вашу.*[5]

Можно говорить что угодно, но факт остается фактом. Этому пророчеству нет аналога в истории человечества. Почему? Потому, что несмотря на кажущуюся абсурдность, оно полностью сбылось, и, в отличие от других пророчеств, не нуждается в дополнительных интерпретациях.

Странно, что до сих пор никто не защитил на эту тему докторскую или, на худой конец, кандидатскую диссертацию.

Итак, государство Израиль возродилось, и еврейский народ после двух тысяч лет скитаний начал возвращаться домой. Вместе с этим, за достаточно длинный период существования государства, домой вернулась лишь половина народа. А как же остальные? Почему они не возвращаются? И еще несколько вопросов.

Каким образом народ, несмотря на все гонения, сохранился? И наконец, самый запутанный вопрос, притом непонятно к кому обращенный. Кому и зачем надо было устраивать весь этот, извините за выражение, балаган? Сначала образовать народ и построить

---

[5] Пророки, Йехезкель, 36:24.

страну. Потом разрушить страну и разогнать народ. И снова, построить страну и собрать народ. Им что там, неизвестно где, делать больше нечего?!

И сильнейшие цивилизации в мире не достигали и до половины сорока веков и теряли политическую силу и племенной облик. Тут не одно самосохранение стоит главной причиной, а некая идея, движущая и влекущая, нечто такое, мировое и глубокое, о чем, может быть, человечество еще не в силах произнесть своего последнего слова.[6]

---

[6] Ф. М. Достоевский. Полное собрание сочинений. 1895 г. С. – Петербург. «Еврейский вопрос», т. 11. С. 95.

АВАРИЯ

> *Чем больше он (человек) изучает важные для духовного развития источники, тем запутаннее воспринимается изучаемое.*[7]

Между тем события шли своим чередом. Раз в неделю вечером я приезжал получить свой урок, и Учитель этот урок мне давал. И хотя я двигался дальше, понимал материал все меньше.

Откуда я знал, что двигаюсь? Просто вскоре я начал проходить различные, необычные состояния. Кстати, об этом подробно написано в книге М. Лайтмана «Постижение высших миров»…

Для тех, кто мог прийти раньше назначенного времени, два преподавателя из числа продвинутых учеников давали дополнительные занятия. Один из них выглядел таким добродушным очкариком-весельчаком. На его большом лбу, плавно переходящем в лысину, угадывалось образование. Он был казначеем группы.

Второй казался очень продвинутым каббалистом. У него была большая светлая борода и голубые глаза. Они давали уроки по очень непростым статьям Бааль Сулама.

Первый выражал свои мысли достаточно ясно. Второй говорил очень выразительно, но совершенно непонятно.

---

[7] М. Лайтман. Постижение высших миров. LKP, 2016 Израиль. С. 26.

Из тех еженедельных посещений не могу забыть один эпизод. Как-то перед началом урока, Учитель усадил возле себя парня с большой черной бородой – явно члена группы. Выглядел тот неважно. Он сидел на стуле, почти не шевелясь. В черных глазах сквозила тоска. О том, что с ним тогда происходило, я узнал позже, уже из собственного опыта...

Однажды, как обычно, я пришел на урок. В комнате висела мрачная, гнетущая тишина. Оказалось, что Учитель и трое его учеников во время поездки на радиостанцию попали в автокатастрофу. Он находился без сознания, в тяжелейшем состоянии.

На учебной доске был написан телефон Ольги – жены Учителя. На другой день я позвонил по этому телефону. Ольга сказала, что его состояние все еще плохое.

Нам объявили, что занятия будут продолжать опытные ученики. Я сходил на одно такое занятие, после чего решил дожидаться возвращения Учителя дома. То, что он рано или поздно вернется, сомнений у меня не было...

АВРААМ И НИМРОД
(исторический обзор)

Около 3800 лет тому назад произошло событие, которое полностью изменило всю историю человечества. В Вавилонии – древнем царстве на территории современного Ирака – появилась группа людей, которая впоследствии превратилась в еврейский народ.

Все начиналось довольно прозаично. У Тераха – крупнейшего производителя идолов и одновременно советника по идеологии у правителя государства Нимрода – родился сын. Мальчик был со странностями. Уже с детства его мучили вопросы о смысле жизни и едином Творце. Повзрослев, Авраам, так звали сына Тераха, до определенного времени занимался тем же, чем занимался его отец – торговлей идолами. Ему прочили финансовый успех и достойное место в качестве главного идеолога рядом с царем. Но потом, как говорится, что-то пошло не так. Прежде чем мы продолжим повествование, необходимо сделать небольшое отступление.

В то время государство переживало социальные потрясения. Патриархальные ценности, царившие в государстве, начали сдавать свои позиции, тесные кровные и семейные связи начали разрушаться. Людям становилось плохо и тесно там, где раньше было хорошо и просторно. То, что устраивало родителей, стало ненавистно детям.

Это недовольство прежними ценностями привело к невиданному культурному и техническому прогрессу. Кроме математики, астрономии и медицины можно отметить вещи более прозаические, но более понятные простому потребителю. Появились отдельные двухэтажные коттеджи с водопроводом и санузлом. Такого рода удобства недоступны многим даже сегодня. Напомним, что все это происходило при развитом идолопоклонстве. То есть одно другому не мешает, а может, даже наоборот...

Такое положение вещей в каббале объясняется ростом желаний или, другими словами, подъемом эгоизма. Природа или Творец (Элоким), в каббале эти два понятия равнозначны[8,] инициирует такого рода процессы.

> *Желание является универсальным движущим фактором, и если под этим углом зрения взглянуть на процесс культурного, научного и технологического развития человечества, то мы придем к заключению, что именно растущее желание порождало все идеи, изобретения и инновации.*[9]

В результате таких встрясок происходят смена прежних ценностей и, как следствие, революции, перевороты, бунты, кризисы и другие социальные неприятности. Кстати говоря, «Нимрод» в переводе с иврита – «мы взбунтуемся».

Как бы там ни было, но перед правительством страны встал вопрос: как удержать в руках начавшую раскачиваться империю? Обеспечить всех отдельными санузлами? Ввести объединительные санкции? Выселить недовольных граждан?

---

[8] Гематрия (численное значение) этих слов одинаковы. Бааль Сулам. Письмо 16. Kitvei Baal Hasulam. ARI. Israel. 2009. С. 703.

[9] Лайтман М., Ласло Э. Вавилонская башня – последний ярус. Издательская группа kabbalah.info. Иерусалим. 2007. С. 76-77.

Нимрод выдвинул вполне логичную и достаточно просто воплощаемую в жизнь идею. Нужно раздвинуть границы государства, то есть сделать то, что в будущем будет названо «расширением жизненного пространства». Попросту говоря, он решил расселить подальше друг от друга своих все еще верноподданных.

В то же самое время представитель идеологической элиты, Авраам, выдвинул другую, неожиданную для всех и прежде всего для Нимрода, концепцию. Он предложил не отдалять граждан государства друг от друга, а наоборот, научить их жить сообща в местах компактного проживания. Технология объединения, предложенная Авраамом, базировалась на ключевой идее: «возлюби ближнего, как самого себя». Эта идея Нимроду не понравилась...

ЖЕЛАНИЕ

Удача – это особый вид управления свыше, на которое человек не в состоянии никоим образом влиять.[10]

Спустя несколько месяцев Учитель вернулся. Но я почему-то не торопился на уроки в Бней-Браке. Пропало желание. Вообще, вся работа каббалиста заключается именно во взращивании желания. Советский Генералиссимус ошибался. Не кадры решают все. Все решают желания!

Я часто вспоминаю высказывание Учителя: «желания не продаются в аптеке, а если все же кто-то найдет, то пусть позовет и меня, я тоже прикуплю».

А если желания нет, что тогда? В этом случае нам помогают это желание вернуть или не помогают...

Мне тогда помогли. Как? Элементарно просто. С помощью полуметровой гадюки, которая неизвестно откуда и как оказалась в моем обернутом двухметровой бетонной стеной палисаднике. Со змеей я справился, а на следующий день поехал на занятия.

Очень скоро курс по «Птихе» закончился, и Учитель начал занятия по «ТЭС» – Талмуд Эсер а-сфирот. Он провел около десятка уроков, а потом объявил, что его не интересует клуб любителей каббалы. Те, кто хочет продолжать, должен начать заниматься по утрам, а кто не хочет – могут перейти на заочное обучение.

---

[10] М. Лайтман. Постижение высших миров. LKP, 2016 Израиль. С. 28.

Пришлось обратиться к невозмутимому продавцу книг за разъяснениями. Оказалось, что утренние уроки проходят в этом же помещении, правда не столько утром, сколько ночью с 3-х до 6-ти.

График занятий меня удивил, но не напугал, поскольку большую часть жизни я отработал на железной дороге, где ночные бдения были обычным явлением.

На другой день ранним утром или, иначе говоря, поздней ночью я зашел в помещение. За столом сидело человек тридцать. Мое появление не вызвало абсолютно никакой реакции на смурны́х лицах. Учитель сидел в углу за компьютером. Я уселся на свободный стул.

К 3.00 все места заполнились. С некоторыми из присутствующих я уже встречался во время вечерних уроков, однако бо́льшую часть из них я никогда не видел. Среди них было нескольких коренных израильтян.

Диктор – большеголовый израильтянин в очках начал читать статью из книги в белом переплете. У каждого ученика была своя книга с именной наклейкой. На внутренней части обложки имена были продублированы. Книга, которую мне выдали, была без опознавательных знаков.

Я знал неплохо язык, но тот иврит, на котором была написана статья, был мне практически незнаком. Тогда я подумал, что именно по этой причине я ничего не понимаю. Но я ошибался. Понимание смысла статей начало приходить много позже изучения незнакомых слов и терминов.

С того дня я начал регулярно посещать утренние уроки, конечно, кроме тех дней, когда был на работе...

ЧТО ИЗУЧАЕТ КАББАЛА
(исторический обзор)

Знай, что прежде, чем были созданы создания и сотворены творения, простой высший свет наполнял всю реальность. И не было никакого свободного места в виде пустого воздуха и пространства, а все было заполнено бесконечным простым светом, и не было в нем ни начала, ни конца, а все было единым, простым, полностью однородным светом, и он называется светом бесконечности.[11]

В чем отличие ученого, представляющего классическую науку, от каббалиста? Физик, химик или биолог использует для своих опытов методы и различные приспособления для того, чтобы те явления, которые он исследует, смогли в конечном итоге быть восприняты его органами чувств.

Каббалист для своих исследований приборы не использует. Он изменяет чувствительность своего восприятия. Только таким образом можно проникнуть туда, откуда был запущен процесс мироздания, в том числе и тот, который мы называем «Большой взрыв».

Благодаря этому подходу, каббалисты сделали удивительное открытие. Оказывается, Творение – та

---

[11] Бааль Сулам. Учение Десяти Сфирот. 2-е издание, т. 1. Иерусалим. 1956. С. 1. תלמוד עשר הספירות כרך א.עמ.א http://www.kabbalahmedia.info/he/ui/6691

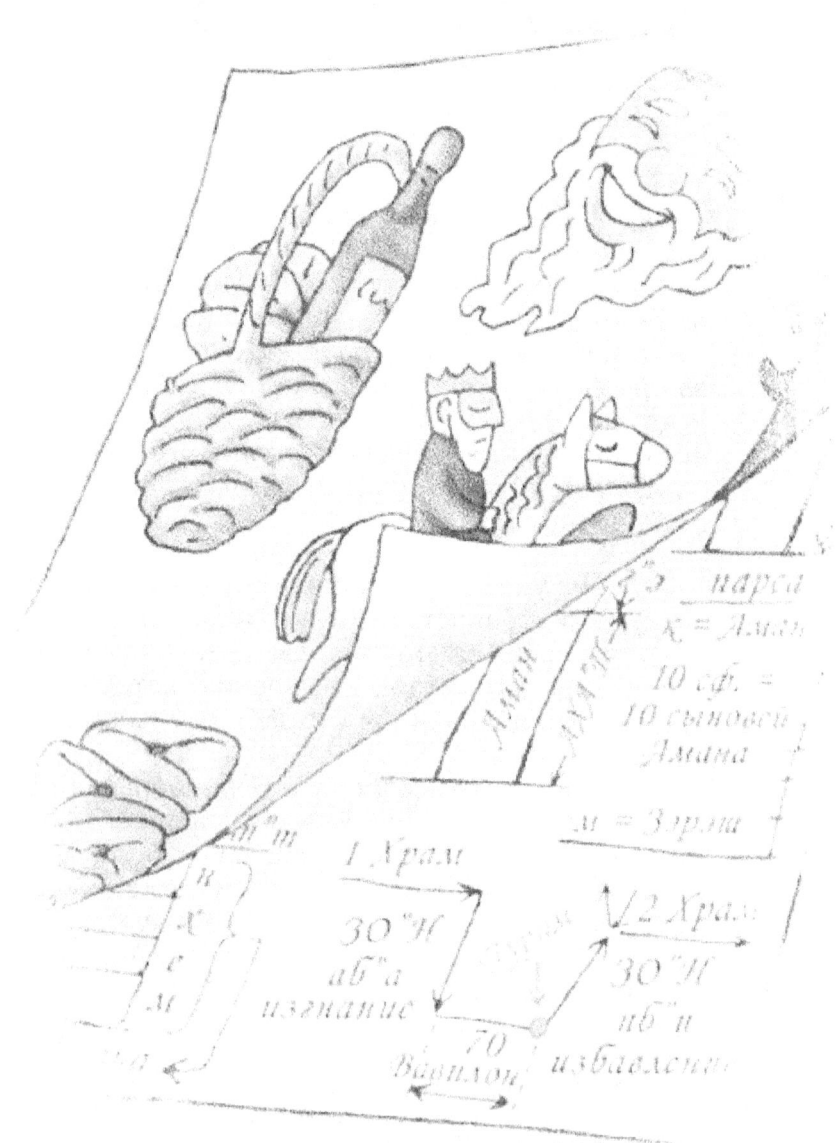

первичная материя, которая была создана, есть не что иное, как... «желание получить».

Насколько это просто звучит, настолько это не укладывается в сознании, тем более что физика и философия определяют понятие «материя» несколько иначе:

> *Физика описывает материю как нечто, существующее в пространстве и во времени...; либо как нечто, само задающее свойства пространства и времени.*[12]
> *В материалистической философской традиции категория «материя» обозначает* **субстанцию**, *обладающую статусом первоначала (объективной реальностью) по отношению к сознанию (субъективной реальности).*[13]

Каббала формулирует это так:

> *Весь материал, относящийся к творению, – это желание получить.*[14]

Человек и человечество, в целом, не привыкли слушать и слышать простые истины. Мы уверены, что истина – это то, что сложно и запутанно. Простота кажется ложью, а путаница правдой.

Разве желание, то есть то, что есть у каждого, может быть материей? Когда материя – это «нечто», неизвестно где находящееся и непонятно как действующее, тогда все понятно.

Просто поразительно, как мы сами себя запутываем...

---

[12] Википедия, ст. Материя (физика).
[13] Википедия, ст. Материя (философия).
[14] Бааль Сулам. Учение Десяти Сфирот. 2-е издание, т. 1. Иерусалим. 1956. С. 26. תלמוד עשר הספירות כרך א. עמ. כו.

ОГОНЬ ВОДА И...

Дальнейшие события я буду описывать лишь с относительной хронологической последовательностью. В конце концов, речь идет не об истории, а об оставивших свой след в памяти эмоциональных всплесках.

Каббалист РАБАШ[15] приводит пример того, насколько человек зависим от мотивации. Даже человек, прикованный болезнью к кровати, поднимется и довольно резво, если в его доме вдруг вспыхнет пожар. Пример прост и доступен для понимания. Однако мой личный опыт говорит, что каббалисты реагируют на такого рода события, мягко говоря, неадекватно...

Описываемое дальше событие произошло приблизительно через год после того, как я начал посещать утренние уроки.

Напротив того места, где проходили занятия, несколько учеников-холостяков снимали четырехкомнатную квартиру. Там же иногда ночевали гости, каким тогда был и я.

Однажды ночью меня разбудили какие-то звуки. В салоне, где я и еще несколько человек расположились на отдых, царил полумрак. Через входную дверь деловитой походкой входили какие-то люди. Не обращая ни малейшего внимания на лежащих, они один за другим проходили куда-то внутрь квартиры.

Как ни странно, эта ситуация меня совершенно не взволновала. Запомнились лишь запах дыма и короткая, завернутая в легкое раздражение череда мыслей: «Смотри-ка, а ведь эти парни похоже на пожарных.

---

[15] Барух Ашлаг (1907-1991) – известный каббалист, старший сын Бааль Сулама.

Ну да. Шлемы, шланги, защитная одежда. Наверное, в квартире пожар» ...

Утром, проснувшись, я узнал, что в квартире действительно был пожар. С огнем, дымом и пожарной командой, вызванной по этому случаю. Хорошо помню, что мысль о бегстве меня точно не посетила...

Подобный случай, но уже связанный не с огнем, а наоборот, с водой произошел много лет спустя, в феврале 2012 г.

Тогда в пустыне Арава проходил международный конгресс. На второй день, когда все уже мирно спали, разразился дикий ливень. Старожилы этих мест потом говорили, что подобного потопа, да еще в сопровождении грома и молнии, они не помнят.

Участники конгресса большей частью ночевали в палатках с соломенной кровлей, покрытой сверху толстой полиэтиленовой пленкой. Полиэтилен не выдержал ливневого напора. Кое-где он сдвинулся или был сдут ветром, и в образовавшиеся бреши полилась небесная вода.

Местами вода продавила полиэтилен и вскоре внутри палаток появились огромные водяные мешки. На полу не осталось ни одного живого, в смысле сухого, места. Там и сям текли грязные потоки воды. Полиэтиленовые мешки начали взрываться под тяжестью скопившейся воды. Горе тому, кто попадал в зону взрыва.

Спастись от непогоды можно было в относительно сухой центральной палатке, где проводились в течение дня уроки. Однако, несмотря на потоп, никто не торопился оставлять занятых с вечера лежачих позиций. Люди продолжали оставаться в своих мокрых спальниках, несмотря на осадки сверху и водный поток снизу. Только специально посланная команда с помощью метода кнута и пряника сумела эвакуировать каббалистическое население.

Огонь и воду Бней-Барух успешно преодолел. Остались лишь медные трубы...

КАББАЛИСТЫ ПОДНИМАЮТ ГИРИ
(обзор прессы)

Ни для кого не секрет, что к государству Израиль, к его флагу, символике, его гимну в мире существует особое и, к сожалению, часто предвзятое отношение. До сих пор в СМИ обсуждают скандал, связанный с израильскими дзюдоистами. Как известно, на международном турнире в Абу-Даби им запретили поднимать флаг страны и озвучить гимн «Атикву».

Буквально за неделю до событий в Абу-Даби похожий случай произошел на чемпионате мира по гиревому спорту в Греции, откуда израильские спортсмены привезли семь золотых, пять серебряных, две бронзовые награды, а также мировой рекорд. Во время церемонии награждения возникли осложнения, связанные с включением гимна. В конечном итоге инцидент был исчерпан, и израильтяне под гимн «Атиква» поднялись на пьедестал почета.

Тогда, когда на Израиль не прекращаются нападки со всех сторон, когда ООН сыпет антиизраильскими резолюциями, как из рога изобилия, необходимо использовать любой международный форум, в том числе и спортивный, для поднятия престижа страны. К сожалению, к спорту и к спортсменам в Израиле отношение оставляет желать лучшего.

А между тем, хотя для многих это будет открытием, спорт и особенно поднятие тяжестей и плавание занимают немаловажное место в наследии еврейского народа.

Законоучитель и каббалист рабби Акива (1-2 в. н.э.) назвал плавание одним из важнейших навыков, который необходимо прививать с детства. Духовный предводитель, врач, каббалист РАМБАМ (12-й в. н.э.) говорил, что «забота о телесном здоровье – один из путей служения Всевышнему».

Каббалисты по сегодняшний день ценят занятия спортом. Известнейший каббалист 20-го века Бааль Сулам регулярно совершал длительные заплывы в открытое море. Его сын РАБАШ совмещал занятия плаванием с занятиями в тренажерном зале. Ученик РАБАША, каббалист, доктор М. Лайтман следует этой традиции и также регулярно плавает и занимается на тренажерах. В свою очередь многие его ученики занимаются спортом, а некоторые даже отстаивают честь Израиля на международных соревнованиях.

В чемпионате мира по гиревому спорту, о котором было рассказано выше, **восемь из двенадцати спортсменов нашей сборной, представляют организацию «Каббала ле-ам».**

По их словам, каббала и спорт взаимно дополняют друг друга. Спорт значительно повышает такие качества, как терпение и настойчивость, а каббала развивает особое чувство единства и взаимного поручительства.

Международные соревнования – это не просто спортивное мероприятие. Это место встреч, тесных контактов, завязывания близких отношений между представителями разных народов, что в конечном итоге ломает привычные стереотипы и поднимает международный авторитет нашей страны. Благодаря социальным сетям эти контакты не прекращаются и после завершения соревнований.

ПОБОЧНЫЙ ЭФФЕКТ

Оказалось, что при изучении каббалы возникает некий, можно сказать, альтруистический эффект. Как-то раз я понял, а точнее почувствовал, что должен что-то делать. Что-то полезное для каббалистической группы. Каббалисты говорят, что этот эффект возникает при чтении каббалистических книг. Тогда я даже не подозревал, какую особенную силу мы пробуждаем во время учебы.

Чтение чтением, а желание – это желание. Чем больше я ходил на занятия, тем больше меня мучили «нехорошие» альтруистические мысли.

Проблема заключалась в том, что я не мог нигде реализовать свое так некстати возникшее желание. Список полезных для каббалистического общества занятий был невелик. Раздача кофе во время утреннего урока, мытье стаканов после урока и небольшое количество редких хозяйственных работ. Было еще несколько проектов по распространению каббалы, где нужна была сугубо профессиональная подготовка, вот, в общем-то, и все. Кроме всего прочего, моя посменная работа не всегда позволяла мне приезжать по вечерам, когда можно было помочь чем-нибудь по хозяйству.

Как бы там ни было, но мне все-таки удалось попытать счастье в некоторых проектах. С трудом, пару раз сумел дорваться до мытья стаканов, а еще участвовать в переводе на русский язык статей РАБАШа и в переводе на иврит книги Михаэля Лайтмана. Но это были лишь редкие эпизоды. Мне хотелось чего-то более, так сказать, «долгоиграющего».

И удача мне улыбнулась. Как-то раз Учитель на одном из уроков обратился к нам со словами: «Пришло время писать статьи о каббале. Писать будете вы. Может быть, мы сможем даже выпустить книгу». Он еще не успел закончить свою мысль, как я для себя решил – вот он, мой шанс!

На самом деле никаких реальных предпосылок преуспеть в этом свалившемся на нас литературном проекте у меня, конечно, не было. Ничего особенного, кроме одной случайной пятерки за школьное сочинение в моем писательском активе не имелось. Вместе с этим к литературе я относился положительно, особенно к «Золотому теленку».

Меня подтолкнуло к подвигу высказывание известного эстрадного певца Бернеса: «Из трех необходимых элементов – голоса, слуха и желания петь – у меня есть только третий». Это был как раз мой случай. У меня было желание, причем не врожденное, а приобретенное, а кроме того, моя посменная работа становилась козырем в этой авантюре – для творчества у меня оставалось достаточно времени.

И колесо завертелось. Первый опус был готов уже через два дня. Я написал его на иврите. Дело в том, что публичные чтения в группе проводились только на этом древнем языке. Понятно, что, как и любому, особенно начинающему, сочинителю мне хотелось публичных чтений. Редактировать текст мне помогала моя старшая дочь, которая училась тогда в 12 классе.

Честно говоря, деталей своего литературного дебюта я не помню, однако в памяти сохранилось то, что мне сказал Учитель после второй статьи. Он посмотрел на текст и сказал: «Это на иврите? Я на иврите не проверяю».

После этого случая я полностью переключился на русский.

Не помню, что и как, однако каждую неделю я выдавал по 2-3 статьи. Через пару месяцев Учитель подвел промежуточный итог литературному проекту: «Молодцы, все пишут статьи. Однако есть один, который особенно отличился». Потом он назвал мое имя. Честно говоря, я не понял, чему он дал высокую оценку – качеству или количеству моих статей, но в любом случае я воспринял это как явный успех.

Через какое-то время вышла книга под названием «Претворение идеи». В раздел «Статьи учеников» вошли пять моих рукотворных творений...

КВАНТОВЫЙ ПЕРЕХОД
(исторический обзор)

Новейшие реформаторы, которые на бумаге измышляют образцовые социальные системы, хорошо бы сделали, если бы бросили взгляд на социально-общественную систему, по которой жили первые евреи.[16]

К произошедшему на Синае можно относиться по-разному. Например, как к легенде. Или, наоборот, как явлению Бога человеку. Можно вообще пройти мимо, как будто это меня не касается. Попробуем отнестись к этой ситуации непредвзято и посмотрим на реальные результаты этих, возможно произошедших, событий. А посмотреть есть на что.

Говоря языком физики, произошел квантовый переход с одного уровня на другой. Человеческая цивилизация получила некое, не обусловленное предыдущим развитием, направление, и до сих пор этой линии держится. Естественное эгоистическое развитие человечества поменяло направление на «упавшее с неба» развитие альтруистическое.

История, как таковая, нас не интересует, тем более, ни для кого не секрет, что историю каждый

---

[16] Форд Генри (1863-1947) – американский автопромышленник. Издавал и распространял «Протоколы сионских мудрецов». Оказывал серьезную финансовую помощь нацистам. 16 января 1921 года группой из 119 видных американцев, включая 3 президентов, 9 госсекретарей, 1 кардинала и множества других государственных и общественных деятелей США было опубликовано открытое письмо с осуждением антисемитизма Форда.

Израиль

интерпретирует по-своему в зависимости от конъюнктуры. Мы говорим лишь о тенденциях и результатах, видимых, что называется, невооруженным взглядом.

Как бы там ни было, но именно с территории Эрец-Исраэль (Земли Израиля) начали распространяться общемировые этические нормы. Оценку этим нормам мы давать не будем, пусть это делают другие. Однако факт остается фактом – они лежат в основе главных ценностей человечества. Законодательства, религии, идеологии, этики, эстетики, культуры... Все это базируется на том, что привнес еврейский народ.

Житейская логика и здравый смысл говорят, что этот народ и, конечно, любой его представитель должен пользоваться славой и уважением в глазах каждого землянина. Преподнести такой подарок человечеству? Что может быть ценнее и важнее! Да этих евреев просто на руках надо носить! А что происходит в действительности?

А действительность говорит нам нечто другое.

Евреи являются зачумленной, прокаженной и опасной расой, которая заслуживает искоренения со дня ее зарождения.

Невероятно, но это сказал великий Джордано Бруно – выдающийся мыслитель эпохи Возрождения.

В чем же тут дело, как могла произойти такая удивительная метаморфоза? Как можно ненавидеть народ, который принес в мир понятие «любви к ближнему»? Необъяснимое логическое противоречие.

Допустим, что эта болезненная реакция вызвана личной обидой, нанесенной евреями философу-бунтарю. Предположим, что все-таки в древности ситуация была иной, и евреи пользовались тем, что им полагается по праву – славой и уважением. Может быть, лишь потом, позже, они стали плохими и вот тогда их перестали любить и даже начали ненавидеть?

Оказывается, ничего подобного.

После выхода из Египта на скитальцев нападали, и нападали часто. Еще до того, как они добрались до горы Синай, их атаковал кочевой народ – амалекитяне. Ну, и что это доказывает? Кто тогда, как, собственно говоря, это происходило всегда, не нападал? Только ленивый. Кочевникам представился удачный случай поживиться легкой добычей, вот и напали. Дело, как говорится, житейское.

Парадокс заключается в том, что их не интересовала собственность путешественников. Причина нападения была совершенно другая – беспричинная ненависть.

ЕСЛИ РАБОТА МЕШАЕТ

В 2002 году я уволился с железной дороги. Я проработал там 11 лет. Уже через 2 месяца после приезда в Израиль мне удалось устроиться на эту работу.

Как ни странно, но по уровню зарплаты, разнообразных льгот и положения в обществе работник железной дороги Израиля мало отличается от члена Кнессета. Неудивительно, что попасть на такую престижную работу очень и очень непросто.

Вначале с помощью одного знакомого я подал документы. Через некоторое время меня послали на специальную медкомиссию, а потом я прошел многочасовой психологический тест.

После всего этого меня зачислили на курс помощников машиниста. На этот курс отбирали молодых ребят после службы в боевых частях при наличии аттестата зрелости. Кроме этого, отдельно, на этот же курс набирали новых репатриантов, работавших машинистами в СССР. Это был как раз мой случай.

После сдачи экзаменов выпускников курса пригласили к генеральному директору израильской ж. д.

В кабинет нас вызывали по одному. Когда я зашел, директор задал вопрос, очевидно заготовленный специально для репатриантов: «Сколько времени ты в Израиле?».

На чистом ивритском языке я ответил: «Два месяца и десять дней». У бедняги отвисла челюсть. Ответ должен был выражаться в годах и никак не в считанных месяцах. Похоже было, что с таким прытким репатриантом ему встречаться еще не приходилось.

Следующий вопрос был из той же оперы: «Ты уже закончил ульпан? (курс изучения иврита)». Понятно, что ожидался ответ «да». Но и здесь пошло не по запланированному плану. Также без заминки, как и первый раз, я ответил: «Я еще туда не поступил».

После этого ответа аудиенция была закончена. На выходе из кабинета я заверил ошеломленного директора, что после окончания ульпана обязательно принесу ему соответствующую справку...

В тот день я не мог предположить, что через много лет наступит момент, когда я выйду из кабинета правда уже другого директора, чтобы больше не вернуться.

У моей работы было множество достоинств и всего лишь один, но решающий недостаток. Круглосуточный график вынуждал меня пропускать утренние уроки...

XX ВЕК ЗА ПЯТЬ МИНУТ
(исторический обзор)

Истина гласит – надо работать. Тогда будет хорошо. А если не работать – будет плохо. Мы – не дураки и хотим, чтобы было хорошо. И папы, и мамы хотели того же, я уже не говорю про дедушек и бабушек. Они всегда работали, и было хорошо. Правда, не всегда и не обязательно тем, кто работал.

Поэтому появлялись недовольные и подбивали остальных не работать и ломать то, что было наработано. Однако, вскоре заканчивались продукты, и тогда опять вспоминали древнюю истину – надо работать.

В конце концов, придумали капитализм, и работа закипела, как никогда. С конвейера потекло изобилие: джинсы, кино, автомобили, кока-кола и гамбургеры, и все высшего качества и в астрономических количествах. И стало одним хорошо, а другим очень хорошо.

Те, которым было просто хорошо, возмутились. Но тут, как по заказу, в отдельно избранной стране начался социализм. Те, которым было просто хорошо, закричали ура, а потом удивились – работы там хоть… ешь, а денег за нее не платят. Решили обождать с выводами и посмотреть, чем там дело обернется.

На первых порах дело там пошло, потому что из работы сделали спорт. Все стали бегунами, тяжелоатлетами и прыгунами. Так повсюду и писали: «Догнать и перегнать», «Поднять и так держать», «Вперед к новым высотам»… Но поскольку денег не платили и платить не собирались, рейтинг этого «дела» поднимали палкой: «Кто не работает – тот не ест», и пряником: «На работу – с радостью, а с работы – с гордостью».

И все было хорошо, пока кто-то не вспомнил другую народную мудрость: «Работа не волк – в лес не убежит», а остальные поддакнули: «От работы кони дохнут».

В ответ им сразу же пообещали коммунизм и четырехчасовой рабочий день. Коммунизм дело хорошее, только с чего начать, не знали. Решили для затравки на Марсе яблони посадить, а на Земле – кукурузу.

До Марса не добрались, зато с Луны привезли пару килограммов породы, в смысле пыли и камней. Потом, пока никто не опомнился, принялись помогать развивающимся странам. Страны помощь получили и начали из нее друг в друга стрелять.

Потом начался застой. Это когда в магазинах вермишель и килька в томатном соусе начала застаиваться. На этот раз решили чудо всемирное сотворить. Невиданный гибрид – смесь человека и системы. Название проекта, копирайтерам на зависть, – «Социализм с человеческим лицом». Но лица не появилось, а появился оскал...

А в это время тем, которым когда-то было очень хорошо, стало еще лучше, потому что работали, как проклятые. Они снимали цветное кино, без устали выпускали кока-колу, и все это продавали развивающимся странам.

И вдруг сегодня случилось такое, чего врагу не пожелаешь – оказалось, что сделали всё. То есть, буквально всё, что было нужно и могло понадобиться, причем для всех без исключения. Выходит, надо тормозить работу или, по крайней мере, выпускать меньше?

Но ведь если человек перестанет работать, то начнет вопросы задавать. Поди знай, куда эти вопросы заведут. Поэтому приняли решение простое и одновременно гениальное – работать еще больше. И древняя мудрость для этого случая нашлась: «Уменье и труд все перетрут».

А в это время уже сотым витком колбасы Землю обвили. Молока надоили больше, чем Млечный путь может вместить. Для айпэдов начали на спине карманы пришивать, потому что в брюках уже давно айфоны все места заняли. Из автоматов Калашникова отливают кастрюли. Кока-колу пустили по назначению – делают дезинфекцию.

Одновременно новые виды деятельности начали развиваться. Нефть по одной трубе из земли качают, а из другой выливают в океан. После этого, конечно, океан зачищают. От нефти и от всплывшей верх брюхом рыбы.

Жить становится все лучше и одновременно веселее. Автомобили уже давно не ездят из-за пробок, а мы продолжаем новые выпускать. Чтобы купить автомобиль, товары народного потребления выпускаем без передыха.

Излишек пальто и туфель образовался? Не беда. А мы изготовим кирпичи, краску, обои, керамику, штукатурку, двери, замки, ручки... и построим салоны для пальто и спальни для туфель, чтоб не смели говорить, что все уже сделано.

Вот так никто и не догадывается, что всё уже есть, ведь все при деле. И люди, и страны. Одни нефть качают, другие деньги печатают, а третьи развиваются.

И газетам есть работа – новости одна другой красноречивей: излишки зерна уничтожены, создан квадратный помидор баклажанного цвета, в Африке голод, в городе из-за выхлопных газов нечем дышать, повстанцам не хватает оружия, чтобы воевать с отрядами обороны, безработица охватила..., иностранные рабочие высылаются из страны...

Стоп! Хватит! Может быть остановим, наконец, эту бессмысленную гонку и зададим вопрос: «Ради чего все это?»

СУББОТЫ

Через какое-то время я начал проводить шаббаты (субботы) с группой. Вначале я приходил раз в месяц. Потом два раза, три и наконец, я стал приходить на все шаббаты...

Шаббат начинается или, как говорят в Израиле – заходит, в пятницу вечером. С этого момента начинают действовать особые шаббатние законы (ограничения), в том числе это касается и передвижения на транспорте.

Все, кто приезжал на машинах, должны были отключать сигнализацию. Случайно сработавшая сигнализация могла привести к ненужным объяснениям с соседями.

Однажды, во время шаббата в чьей-то машине сработала сигнализация. Нарушителя ждало наказание – временное отлучение от посещений Бней-Баруха. Оставалось выяснить, кто он, этот нарушитель. Им оказался молодой новичок-израильтянин. Он был воспитанником кибуца. На затылке у него болтался хвост из длинных светлых волос.

Каббалисты – народ, мягко говоря, непростой, тем более, когда это «русские» каббалисты. Войти и закрепиться в этой среде было очень не просто, тем более коренному израильтянину. Во-первых, все вокруг говорят на русском, а во-вторых – непроходимый ментальный барьер, состоящий среди прочего из тараньки, бани и дружеских посиделок. Неудивительно, что каждый новый израильтянин, закрепившийся в группе, ценился, что называется, на вес золота.

Многие были уверены, что новичок после наказания уже не вернется. Однако он вернулся. Сегодня этот парень, владеющий в совершенстве английским языком, один из ведущих сотрудников английского отдела. Он пишет на этом языке статьи, книги и сопровождает Учителя в заграничных турне в качестве переводчика.

В сам шаббат проводятся занятия, а также так называемые вторая и третья трапезы. Трапеза, проведенная накануне в пятницу до наступления шаббата, называется – первой. Первая трапеза проводилась с семьями. Вторая и третья – по возможности.

В первые годы, в Бней-Браке, распорядок дня в шаббат сильно отличался от того, что происходит сегодня.

Главная причина изменений – сегодняшний, несравнимый с теми временами уровень участия ББ в широком, без преувеличения можно сказать, в мировом распространении каббалы.

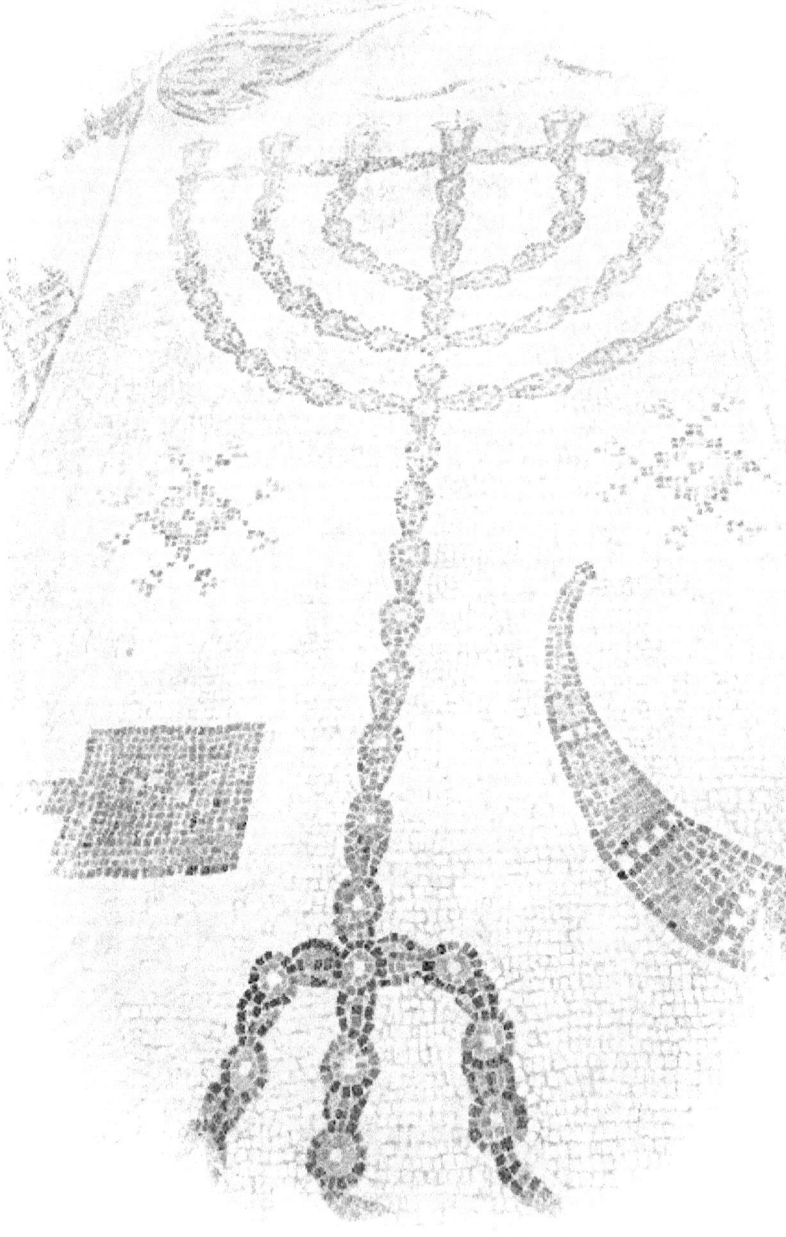

НАРОД МОРАЛИ
(исторический обзор)

Преследования погромы и изгнания сопровождали евреев на протяжении всей истории. Неудивительно, что изгнанники оказались рассеяны по всей земле. Еще на рубеже новой эры греческий географ Страбон писал: «Евреи населяют почти все города, и в мире нелегко найти место, где бы не жили представители этого племени».

Вместе с предметами быта евреи несли с собой на чужбину свой уклад жизни, свои обычаи и моральные устои. Таким, не совсем приятным, способом этические нормы, принятые евреями, начали свое путешествие по миру.

> *Издавна множество людей выражает страстное желание перенять наши религиозные обряды. Нет ни одного греческого города, ни одного варварского племени, ни одного народа, на который не распространился бы наш обычай воздерживаться от работы каждый седьмой день и где бы не соблюдались наши посты, зажигание светильников и наши многочисленные ограничения в том, что касается пищи.*[17]

Постепенно многие этические нормы евреев стали нормами общечеловеческими. На них покоятся мораль

---

[17] Флавий Иосиф. Против Апиона.

и уголовные кодексы, системы воспитания и общественные формации.

Почему же антисемитизм не затих, а наоборот, расцвел? Почему евреев обвиняют во всех смертных грехах? Может быть, еврейские ценности несут в себе какой-то тайный замысел?

Возьмем, к примеру, хорошо известный всем еженедельный выходной день субботу (шаббат). В целом отношение к субботнему отдыху в античном мире было положительным. Вместе с этим, у этого прогрессивного новшества были противники.

Например, римский философ I-го века новой эры Сенека считал, что человек из-за этого теряет седьмую часть жизни. Он также сожалел, что обычаи «этой проклятой нации… распространились во всех странах».

Как это ни удивительно, но даже спустя 2000 лет «особое» отношение к евреям перевесило очевидную пользу идеи выходного дня.

> *Этот отдых (суббота) был благом для рабов после шести дней тяжелых работ, но отводить целый день для безделья – в случае свободных, активных людей – недопустимо… Евреи – рабы, и их закон – закон рабов.*[18]

Знаменитый философ XIX-го века Гегель, в сущности, солидарен со своим античным коллегой.

Как известно, идея выходного дня, заложенного в еврейской субботе, в той или иной форме распространилась повсеместно.

---

[18] Гегель Георг Вильгельм Фридрих (1770-1831) – немецкий философ, создатель систематической теории диалектики.

Невозможно всерьез представить, чтобы сегодня правительство какой-либо страны решилось вдруг этот, по сути еврейский, обычай отменить. Вместе с этим мы видим, что благодарности за это гениальное изобретение евреи не снискали.

УТРЕННИЙ УРОК

Каббалистические уроки проходят по ночам, когда нормальные, в смысле обычные, люди, как правило, спят. Бааль Сулам проводил свои уроки после 12 часов ночи. РАБАШ с 3 утра. Наши уроки проходят также с 3 утра.

Урок, как живой организм, с течением времени в той или иной мере видоизменяется. В основном это происходит из-за изменения состава учеников, места проведения, способов трансляции, а также того, что происходит в мире.

Когда-то на ул. Райнес №3 в конце 90-х урок проходил только на иврите и в нем принимало участие около 40 человек и еще человек 10 сидели на телефонной линии.

Сегодня урок транслируется на весь мир, его переводят на почти 40 языков, и только тех, кто имеет возможность задать вопрос в живом эфире, более 2000 человек. Сколько всего людей смотрят утренний урок сегодня по разным каналам, трудно даже представить.

Когда-то большую часть времени мы изучали книги и статьи Бааль Сулама, связанные с устройством мироздания: «Предисловие к книге Зоар», «Предисловие к Талмуду 10-и сфирот», «Бейт Шаар а-каванот», и даже на праздники «Шаар а-каванот» АРИ. Сегодня это большей частью материалы, связанные с групповой работой и духовным продвижением.

Однако самое большое отличие сегодняшнего утреннего урока от прошлых лет – это семинар. Начиная с 2015 г. ученики сидят в постоянных десятках, внутри которых происходит обсуждение вопросов, задаваемых Учителем.

Вместе с этим нужно отметить то главное, что происходит на утреннем уроке. Дело в том, что утренний урок – это то **окружение и одновременно метод**, благодаря которым происходят изменения в исходной природе человека.

То эгоистическое желание, с которым мы родились, в котором мы живем и которое рисует нам этот ограниченный мир, который мы воспринимаем, начинает меняться в соответствии с нашим вкладом в учебу.

Нелишне упомянуть, что это возможно только при изучении оригинальных каббалистических источников в группе под руководством каббалиста.

Передать то, что происходит на самом деле с учениками на уроке, не представляется никакой возможности. Как передать словами – то есть, по сути, колебаниями воздуха определенной частоты – те ощущения и переживания, которым нет аналога в нашей материальной жизни?

Единственный результат учебы, который можно представить широкой публике в качестве доказательства – это те люди, которые присоединяются к утреннему уроку и которых с каждым годом становится все больше.

ВОСХОД АНТИСЕМИТИЗМА
(исторический обзор)

Как известно, нет пророка в своем отечестве. Нимрод – правитель Вавилонии – узнал, что Авраам ведет агрессивную рекламу своих идей и сбивает с толку верноподданных. В результате возникшего конфликта Авраам с женой Сарой и группой из нескольких тысяч последователей-вавилонян был вынужден уйти.

Переходя из страны в страну, из города в город, Авраам продолжал распространение своей методики. Он разбивал шатер и приглашал всех желающих.

> И если находил гостей, вводил их в свой дом... И, более того, он возводил большой шатер у дорог и ставил кушанья и напитки. И всякий прохожий входил, ел и пил, и благословлял небеса, как сказано: «посадил тамариск[19] в Беэр-Шеве».[20]

Рядом с шатром Авраама стоял шатер его жены Сары, где она проводила уроки для женщин[21].

Ученики Авраама, как и их учитель, с помощью методики постижения интегрального мира совершили духовный переход.

---

[19] «Тамариск» (אשל) – аббревиатура слов: еда, питье, проводы (לוויה, שתייה, אכילה,).
[20] Тора, Берешит, Вайера, 21:33.
[21] Мидраш Раба, Лех леха, 14.

Рабби Йегуда говорит: «Весь мир – один переход (маавар), и он (Авраам – иври) – один переход».[22]

В дальнейшем этот народ получал разные имена. Но все они, так или иначе, связаны не с его генетическим происхождением, а, если можно так сказать, с происхождением идеологическим.

Название «Израиль», «Исраэль» (ישראל) происходит[23] от слов «яшар» (ישר) и «эль» (אל), что в переводе означает «прямо к Творцу». Название «иудей» (йеуди – יהודי) происходит[24] от слова «единство» (йехуд – יחוד): человек достигает единения с Высшей Силой.

Вавилонский опыт показал, что в оригинальном виде системой Авраама могут пользоваться лишь единицы. Для большинства необходимо пройти предварительную подготовку. Что делает Авраам? Он адаптирует свою систему в соответствии с тогдашним развитием человечества.

Тора описывает, как он отправил посланников в Кедем (страны Дальнего Востока), где позднее возникли восточные учения.

А сыновьям наложниц, которые у Авраама, дал Авраам подарки и еще при жизни своей отослал их от Ицхака, сына своего, на восток, в землю Кедем.[25]

---

[22] Мидраш Раба, Берешит, 42:8.
[23] РАБАШ. Шлавей Сулам. Кто укрепил сердце свое.
[24] Бааль Турим. Яаков бен Ашер (1269-1343) – галахический авторитет. Комментарии к Торе, Шмот, 18:19.
[25] Тора, Берешит, Хаей Сара, 25:6.

Представители различных ветвей династии Авраама стали позднее основателями различных религий и методик.

> *Каббала является единственной наукой о развитии творения. Она – источник всех остальных наук и учений.*
> *Из книги РАМБАНА[26] «Даат Ашем тмима».*

Подытожить события, произошедшие в Вавилоне, можно так: человечество, по сути, пережило первый всеобщий кризис; преодолен он был просто – люди разбрелись по всей Земле. Нам этот способ не подходит, поскольку сегодня Земля заселена, и идти больше некуда.

Авраам предвидел, что ожидает человечество в будущем, и потому принял меры. Он передал нашему поколению методику преодоления глобального кризиса и таким образом победил время.

Тогда впервые между группой, родоначальником которой был Авраам (ав а-ам), буквально – «отец народа», и его бывшими соотечественниками, рассеянными по Земле, возникла особая ненависть, перешедшая к их потомкам и впоследствии получившая название – антисемитизм.

> *Антисемитизм иррационален и не подвержен доводам разума.*[27]

---

[26] РАМБАН – Моше бен Нахман (1194-1270) – каббалист, врач, поэт, философ.

[27] Оруэлл Джордж (1903-1950) – английский писатель и публицист. Цитата из эссе «Антисемитизм в Британии».

ДРАМА 1-ОЙ ДЕСЯТКИ

В 2001 г. произошло одно, без преувеличения, драматическое событие, которое сразу и полностью изменило ББ, поэтому о нем стоит поговорить подробнее.

На одном из утренних уроков Учитель объявил, что с этого дня и далее он будет вкладывать свои усилия только в группу особо продвинутых учеников, отобранных лично им. Что касается остальных – это их дело.

Кроме отдельных, особых уроков только эти ученики и их семьи получали эксклюзивное право встречать шаббат совместно с Учителем.

Утренние уроки остались в том же формате за одним исключением. Эта особая группа, которая теперь стала называться 1-я, получила право сидеть на утреннем уроке за центральным столом в непосредственной близости от подиума.

Сказать, что это сообщение ввергло всех в шок, значит ничего не сказать. Встряски такого рода группа никогда не испытывала. Утром того же дня началась революция. Более подходящего слова я подобрать не могу.

Особенно это отразилось на учениках, которые считались близкими к Учителю и почему-то не вошли в группу счастливчиков. Некоторых это просто сбило с ног, причем в прямом смысле этого слова. Один из них лежал на столе, стоящем рядом с обеденным залом, не имея сил подняться. Другой ходил, как тень отца Гамлета. Остальные выглядели ненамного лучше. Имен по понятным причинам я не называю. Замечу только, что тот парень, который лежал несколько дней на столе, сегодня не в ББ.

Группа между тем превратилась в действующий вулкан. Никто не хотел оставаться в аутсайдерах. После консультаций с Учителем, основная группа начала сама делиться на подгруппы. Буквально в течении нескольких дней образовалась группа №2. Я тоже был в списке этой группы, но в итоге оказался в группе №3, которая самоорганизовалась только через несколько недель.

В конечном итоге на первом этапе образовалось 6 групп, в каждой из которых было в среднем около 15-человек. С течением времени количество групп увеличилось.

Несколько слов о 1-ой группе. Она состояла из ветеранов ББ, как русскоязычных, так и израильтян. Принадлежность к избранным отразилось на них очень сильно. Это не удивительно. В глазах всех остальных они превратились в небожителей. На них равнялись. Им завидовали. Их старались опередить. Ни к одному из них нельзя было просто так подойти и заговорить.

Вместе с тем они допустили одну серьезную, на наш внешний взгляд, ошибку. Однажды Учитель дал указание выбрать в каждой группе руководителя. Все группы сразу же выполнили это указание. Группа №1 попыталась несколько раз это сделать, но так и не сумела...

Так или иначе, некоторые из тех, кто был тогда в этой группе, сегодня уже не в ББ...

УКРОЩЕНИЕ ЭГОИЗМА
(исторический обзор)

Евреи, мне кажется, что они очень, очень эгоистичны.[28]

В древнем Израиле процесс укрощения человеческого эгоизма шел все время по нарастающей. Вновь завоеванная любовь к ближнему сменялась ненавистью. Как только народ справлялся с текущими проблемами, им на смену тотчас приходили новые, тяжелее прежних.

Это природное явление требует отдельного пояснения.

Непрерывный рост взаимного неприятия или, что то же самое – рост эгоизма, кажется на первый взгляд вещью отрицательной. И в этом заключается главная ошибка тех, кто пытается силой влиять на общественные процессы. Неважно, каким образом они это делают – массированной пропагандой или оружием.

Силой этот процесс на какое-то время можно сдержать, но остановить его невозможно. Это сегодня уже понятно многим. С другой стороны, возникает вопрос: в чем смысл этого процесса, ведь его тенденции – разрушение и хаос?

Так это выглядит на первый взгляд. Но только на первый. Потому что из личного опыта мы знаем, что это не так.

---

[28] Трумен Гарри (1884-1972) – 33-й президент США.

Не секрет, что близкие люди после преодоления кризиса в отношениях любят еще сильнее. Как в афоризме: «Чем больше ненавидишь, тем больше любишь». Главное, уметь этот кризис преодолеть. А если просто сдерживать и копить обиды внутри? Тогда – развод.

То, что верно для индивидуума, верно и для общества в целом. С одной существенной разницей: в семейном конфликте может помочь психолог, в обществе нужны другие методы. Но в том и другом случае после успешного преодоления конфликта взаимоотношения становятся крепче. Конечно, до следующих, более сильных разногласий.

Итак, мы приходим к выводу. Непрерывный рост эгоизма – процесс не отрицательный, а положительный. Если, конечно, уметь этим процессом управлять.

Если мы будем уничтожены, то и мир будет уничтожен с нами из-за беспричинной ненависти. А если мы вновь отстроимся, то и мир отстроится с нами, благодаря бескорыстной любви.[29]

---

[29] Рав Авраам Кук (1865-1935) – первый главный ашкеназский раввин Эрец-Ираэль.

1-Й МИРОВОЙ ЦЕНТР

Описанные выше события произошли уже в Петах-Тикве, в новом центре, куда мы перебрались незадолго до этого.

Старый центр уже не вмещал новых учеников, и к тому же появились совершенно новые возможности для распространения каббалы. В Бней-Браке реализовать этот потенциал было невозможно.

Среди новшеств хочется особо сказать о международных конгрессах, которые мы стали проводить. Началось с того, что, находясь еще в Бней-Браке, к нам на празднование Суккота приехала большая группа гостей из Москвы. Постепенно это стало традицией. Гости стали приезжать чаще, а география стран-участниц расширялась.

Празднование праздника Песах весной 2003 года по сути можно назвать первым международным конгрессом. Поскольку Песах – это время каникул, нам удалось провести нашу международную встречу в юношеском учебном центре с интернатом на севере Израиля у подножья горы Кармель в 15 км от Хайфы. Место называлось «кфар Цви Ситрин» («деревня имени Цви Ситрина»).

Около 400 человек – мужчин, женщин и детей жили в этом месте целую неделю. Естественно, большая часть участников составляли израильтяне, но и ребят, приехавших из разных стран мира, в том числе и с семьями, было несколько десятков.

Этот конгресс оставил особый след в истории каббалистических конгрессов. Во-первых, он был первым, во-вторых, он проводился по пасхальным законам,

которые установил еще Бааль Сулам. Многие до сих пор называют этот конгресс «железным», потому что вся посуда, из которой ели и пили, была металлической, а не как сегодня – пластиковой.

О пасхальных законах более подробно мы поговорим в следующей главе, а пока хочется отметить еще несколько любопытных деталей.

Все участники конгресса находилась в постоянном контакте между собой на протяжении целой недели. Уроки, трапезы с особым пасхальным меню, проживание в почти спартанских условиях, а также многочисленные, многочасовые дежурства способствовали очень серьезной внутренней работе.

Также хочется отметить тот положительный ментальный шок, который пережили гости из СНГ, когда коренные израильтянине с огромной любовью и теплотой вдруг запели песни на чужом для них русском языке...

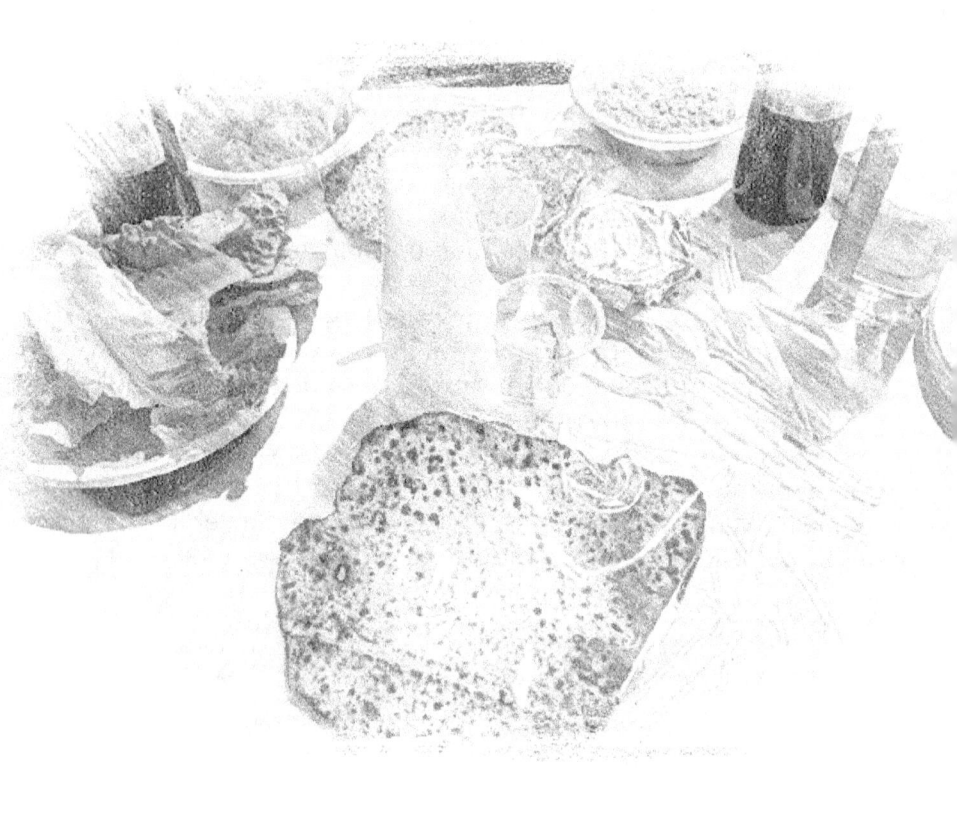

ПРОТИВОЕСТЕСТВЕННЫЕ ПРАЗДНИКИ
(исторический обзор)

Говорят, что кроме всего прочего, странные иррациональные законы и обычаи выделяли древних евреев из окружавших их народов. Что так удивляло народы, а может быть, даже шокировало? И главное, откуда эти обычаи взялись?

Возьмем для примера конкретное праздничное мероприятие – Песах. В глазах народов тогда, как и сегодня, нет ничего более странного и одиозного. Ежегодно, в течение целой недели, празднуется успешный выход израильского народа из египетского рабства. Праздник начинается с трудоемкой и кропотливой подготовки. Это действие называется – пасхальный кашрут. «Кашер» (*ивр.*) – пригодный, соответствующий.

Речь в основном идет об особых действиях, относящихся к домашнему быту. Сюда входят: жилище, одежда, посуда и – главное – продукты питания. Не будем утомлять читателя, только упомянем, что в доме наводится стерильная, можно сказать, аномальная чистота.

Что в этом такого необычного? Иногда встречаются люди, которые очень любят чистоту. Дело в том, что речь идет не о чистоте вообще. Главное в уборке – обнаружить и уничтожить квасное, то есть все, что связано, хотя бы косвенно, с процессом брожения. Например, хлебные крошки или макароны. Не будем входить в детали, скажем только, что ничего похожего не делает и не делал никто и никогда.

Однако самые сложные предписания относятся к пище и вообще ко всему, что относится к еде.

В дни праздника можно есть лишь определенные продукты, специально отобранные, обработанные и приготовленные по особым технологиям. Например, своеобразный продукт, приготавливаемый специально к празднику, – маца. Главное при ее изготовлении – предотвратить вероятный процесс брожения.

Понятно, что в тесто не добавляются дрожжи, а для того, чтобы оно не начало бродить после добавления воды в муку, эту смесь непрерывно перемешивают не более 18 минут. Если процесс затянулся – тесто к употреблению не годится.

Теперь представим на минутку те народы, которые окружали израильтян. Какими глазами они смотрели на все эти премудрости? Не надо далеко ходить. Как на это все смотрят сегодня?

Евреи это выполняют, потому что это обычаи, а не евреи смотрят с удивлением на абсолютно нерациональные действия, ассоциирующиеся с магическими ритуалами дикарей.

Возникает главный вопрос: есть ли связь между прогрессивной, можно сказать, революционной идеологией израильтян и непонятными, часто кажущимися нелепыми, действиями в быту?

Каждое действие, процесс и даже терминология любого еврейского праздника несут определенный смысл. Речь идет о внутренних изменениях, которые происходят в человеке. Все без исключения действия, совершаемые в праздник, говорят о том, как изменить или как изменяется эгоистическое отношение человека к жизни на противоположное ему – альтруистическое.

Например, какой смысл в такой беспрецедентно тщательной уборке дома? Под понятием «дом» подразумевается сердце человека. Уборка дома – очищение от эгоистических устремлений сердца, чтобы сделать его пригодным для любви к ближнему.

Это первый уровень объяснения. Есть уровни более глубокие, с использованием каббалистической терминологии. Скажем, особый пасхальный поднос, кеара, используемый во время праздничной трапезы. На него укладывают специально приготовленные блюда. Всего их шесть. Каждое из них соответствует шести скрытым, управляющим свойствам природы. Они называются: Хесед, Гвура, Тиферет, Нецах, Ход, Есод. Сама кеара называется Малхут – седьмое свойство, относящееся уже к самому человеку.

Каждое действие, каждый предмет, имеющий отношение к празднику, несут особый внутренний смысл. Существуют специальные книги, где это описано очень подробно. Например, «Шаар а-Каванот» (Врата намерений). Мы не будем это разбирать, поскольку это очень сложные понятия, требующие специальной подготовки.

Напоследок скажем, что даже название народа, первым напавшим на Израиль в пустыне, несет в себе особый смысл. АМАЛЕК[30] – это аббревиатура слов «аль менат лекабель» (ради получения). Речь идет о максимальном, самом разрушительном и неуправляемом уровне эгоизма.

---

[30] Michael Laitman. The Secret of Purim. ARI. Israel. 2017. P. 36.

КФАР СИТРИН. ПРОДОЛЖЕНИЕ

Надо сказать, что конгрессы, проведенные в Ситрине, стоят особняком среди всех остальных.

Второй конгресс в Ситрине состоялся осенью 2003 года в дни праздника Суккот. Тогда была построена сукка (особое строение) площадью около 800 кв.м, которая должна была принять порядка 800 человек. Сукка выделялась не только размерами.

В Израиле в это время года очень жарко. Чтобы обеспечить участникам конгресса нормальные условия, сукку пришлось оборудовать системой кондиционирования воздуха.

На этом конгрессе мы впервые прикоснулись к некоторым законам последнего поколения. «Последнее поколение» – это время, когда люди начнут жить по законам интегрального мира.

> *...мы нашли возможность посмотреть на условия жизни последнего поколения, когда наступит мир во всем мире, все человечество достигнет наивысшей точки первой стороны и будет пользоваться своей единственностью только в форме «отдачи ближнему», а не «получения ради себя».*
>
> *И нам следует скопировать форму этой жизни в такой мере, чтобы она послужила нам эталоном, и вошла в наше сознание в набегающих волнах нашей жизни. Возможно, стоит и даже следует и в нашем*

поколении совершить попытку уподобиться такой форме жизни.[31]

В рамках культурной программы проводился КВН (Клуб веселых и находчивых). Израильтяне жаждали взять реванш за проигрыш на предыдущем конгрессе. Поэтому команда обзавелась режиссером, профессиональным актером и одесситом. Как известно без этого минимального комплекта трудно рассчитывать на успешное выступление в КВНе.

В остальных командах эти компоненты тоже имелись, но частично. Поэтому неудивительно, что команда израильтян победила с оглушительным разрывом.

Однако дифирамбов победители не услышали. Оказалось, что с точки зрения законов последнего поколения – это была пиррова победа.

Учитель объяснил, что конкуренция, зависть, унижение – естественные спутники эгоистической победы – неприемлемы для людей, стремящихся к объединению. С тех пор КВН и другие подобные мероприятия в ББ больше не проводятся…

В следующем 2004 году весной, во время Песаха, в Ситрине состоялся очередной конгресс, который был посвящен теме Арвута (поручительства). Этому конгрессу предшествовала большая и очень кропотливая подготовка. Когда весь материал, связанный с Арвутом, был пройден, все, кто хотел участвовать в конгрессе, должен был сдать выпускной экзамен.

Темой Арвута на конгрессе было пропитано все. Уроки, дежурства, культурная программа, перерывы. Впервые в ББ был поставлен настоящий мюзикл, который так и назывался «И я поручусь за тебя». Героями

---

[31] Бааль Сулам. Мир в мире. Kitvei Baal Hasulam. ARI. Israel. 2009. P. 467.

спектакля были известные литературные персонажи: Адам, Алладин, Буратино, папа Карло, Карабас-Барабас, мушкетеры, Дон-Кихот и Санчо Панса. Под музыку советских хитов 60-80 гг. герои пели песни, посвященные Арвуту.

Куплет из арии антигероя Карабаса-Барабаса (мелодия песни «Кого ты хотел удивить», группа «Машина времени»).

*Ты веришь в товарищей, веришь в Творца,
Мечтая весь мир возлюбить.
Но все эти песни дурачат сердца,
Кого ты хотел изменить.*

На что главный герой Буратино (мелодия песни «Костер», группа «Машина времени») отвечает:

*Все наслаждения дал нам Карабас,
Но правду он всегда скрывал от нас,
Что навсегда мы уснули тут.*

*Но до тех пор, пока в Египте мы,
Не разорвать нам эгоизма тьмы.
Мир без вранья, и это Арвут.*

Однако самым знаковым событием в истории ББ стал осенний конгресс 2004 г. Тогда мы попытались смоделировать жизнь людей будущего поколения, живущих по соответствующим правилам. Все жители Ситрина в течении недели как бы перенеслись в Государство Будущего.

Проводилось много специальных мероприятий и специфических игр, которые симулировали обстановку взаимного поручительства. Такие как: падение назад в руки товарищей, хождение гуськом с закрытыми глазами за зрячим поводырем и т. д.

Человек во время передвижения с закрытыми глазами обязан думать о товарище, которого он ведет за собой, а не о том, насколько правильно двигается он сам. Учитель объяснил, что только в этом случае можно быть уверенным, что с тобой ничего плохого не случится. Так работают законы Арвута.

Чтобы сделать обстановку будущего, построенного на принципах взаимного поручительства, еще более осязаемой, был поднят флаг нового государства, а все жители получили особые паспорта.

Церемония подъема флага была чрезвычайно торжественная и одновременно очень трогательная. От избытка переполнявших чувств у большинства жителей Государства Будущего выступили на глазах слезы.

Через семь лет законы Арвута, которые были смоделированы на этом конгрессе совершенно неожиданно прорвались в «Большой мир»...

РОЖДЕНИЕ СЕМИНАРА
(обзор прессы)

В 2011 году, во время так называемой «арабской весны», в Израиле произошло одно экстраординарное событие. Тогда, в течение считанных месяцев, «эпидемия» социальных протестов эффектом домино затронула: Египет, Сирию, Ливию, Испанию, Великобританию, Чили, Грецию, и, в итоге, докатилась до Израиля.

В Израиле это вылилось в демонстрацию, которая состоялась 6 августа, и в которой приняли участие порядка трехсот тысяч человек. Для маленького Израиля эта цифра просто невероятная. Для сравнения, в США при такой пропорции количество протестующих достигло бы 14 миллионов человек!

***

Репортаж с места событий.
Тель-Авив, 6 августа. 9 часов вечера. 2011 г.
Первый раз в жизни я добровольно вышел на демонстрацию. Скажу сразу – мне понравилось. Несмотря на жару и тропическую влажность. Уже на подходе привлекли внимание многочисленные транспаранты, ритмичные удары по дарбукам (разновидность барабана), свистки и стяги – все как на хорошем футбольном матче.

Демонстранты представляли собой пестрое зрелище: мужчины в шортах, женщины с детьми, старики и старушки с собачками на поводке. Некоторые демонстранты держали упитанных домашних питомцев, как детей, на руках. Давки нет, хотя ближе к сцене плотность протестующих граждан на единицу площади как

в одесском трамвае. Происходило невероятное – на улице Каплан собралось невообразимое для Израиля количество народа – 280 тыс.

Вся улица с прилегающими переулками заполнена гудящей толпой. Люди обливаются потом, смеются и делятся водой одновременно. Со сцены звучат громкие призывы и протесты. Народ скандирует незатейливые речевки.

Вместе со всем этим воодушевлением в воздухе висит немой вопрос. Против чего протестуем? Чем выразительней зависал вопрос, тем громче и слаженней кричали демонстранты. Люди чего-то ждали. Не только те, которые скандировали, но и те, которые говорили и пели со сцены.

Я начал искать аналогии, и тут в воображении возникла сюрреалистическая картина. Вместо большой сцены с народными певцами Шломо Арци и Ритой, передо мной возникла гора ...Синай. В тот судьбоносный момент, когда у ее подножия собралось 600 тысяч человек. Ощущение стоящих плечом к плечу людей с немым вопросом в глазах и сердце, вот что роднит нас тогда и сейчас. А еще ожидание чего-то неизведанного...

Страшно захотелось, чтобы кто-то вместо лозунга «Ам роце цедек хеврати» (народ требует социальной справедливости) вдруг закричал: «Наасе ве нишма» (Сделаем и услышим!). Никогда не понимал, что означает эта фраза. Сделаем – что? Услышим – кого?

Обдало внутренним жаром солидарности. Стало вдруг ясно, что они тогда, как и мы сегодня, тоже не знали ответы на эти вопросы. Но что-то все-таки нас рознит. Напрашивается только один ответ – чувство уверенности. Которое было у них и не хватает нам.

В самом деле, у нас, в отличие от них, есть все: страна, армия, хайтек. А уверенности нет. Нет чувства безопасности, нет уверенности в завтрашнем дне. Нет уверенности, что дети и внуки будут счастливы... Уверенности или, другими словами, поручительства друг за друга, вот что нам на самом деле нужно!..

И вдруг произошло невероятное. Далеко впереди возле сцены вначале нестройно, а потом все слаженнее раздалось громкое скандирование: «Арвут»! «Арвут»! «Арвут!». (Поручительство! Поручительство! Поручительство!)

***

Протестное движение, начавшееся демонстрацией, нашло свое продолжение в палаточном городке, построенном в считанные дни в центре Тель-Авива на бульваре Ротшильда.

Внутри этого городка был установлен большой круглый стол, за которым сидели люди совершенно разных взглядов и обсуждали насущные темы. Эту народную трибуну организовало движение «Арвут».

После этих событий методика обсуждения, которая там была опробована, приобрела множество сторонников, и через очень короткое время этот «круглый стол» превратился в общеизраильское мероприятие под названием «1000 круглых столов». Потом появились дополнительные мероприятия, курсы, семинары и т. д...

ЗАРУБЕЖНЫЕ КОНГРЕССЫ

Один из первых заграничных конгрессов прошел в Одессе летом 2003 г. Мне там побывать не довелось, поэтому я расскажу про другой Одесский конгресс – 2008 года, в проведении которого я принимал непосредственное участие.

В силу разных причин подготовка к этому конгрессу в Одессе шла, мягко говоря, не по плану. Поэтому было решено послать из Израиля группу поддержки.

О неприятностях, которые нас там ждут, мы начали догадываться после получения одного странного сообщения. В письме говорилось, что подача воды в гостиничные номера будет происходить лишь в определенные часы. Вначале мы подумали, что речь идет о горячей воде, но мы ошиблись. Речь шла вообще о воде, любой…

Поездка получилась непростой. Уже в аэропорту в Бен-Гурион у нас возникли осложнения с нашим багажом. Дело в том, что для обеспечения трансляции конгресса мы везли с собой баулы с множеством кабелей и различных приспособлений. С трудом пройдя этот барьер, мы погрузились в самолет.

Неожиданно от руководителя нашей делегации поступило очень странное распоряжение. Всем было предложено выпить. Нет, ни воду и даже не кока-колу, а виски.

Когда самолет стал подпрыгивать, как на кочках, стало ясно, что мы уже в Одессе. Зайдя внутрь аэропорта, мы окончательно поняли, куда попали. В глаза сразу бросились неровные поверхности стен, выкрашенные двумя красками грязных оттенков, между

которыми была проведена кривая полоска. Машина времени, в смысле самолет, вернул нас в СССР.

Вскоре прояснился тонкий замысел руководителя делегации – уроженца этого города. Когда таможенники заметили, что прибывшие израильтяне однозначно вписываются в известную формулировку «состояние алкогольного опьянения», они понимающе заулыбались и наперебой закричали «Та це ж наши хлопцы!» После этого начавшаяся проверка подозрительных, набитых электроникой баулов была немедленно остановлена, и мы с пожеланиями всего самого лучшего были выпущены на свободу.

Этот эпизод я не случайно описал так подробно. Хотелось показать, что проводники высоких идей объединения – это не какие-то ангелы без крыльев, а живые, нормальные люди. Если требуют того обстоятельства, они очень неплохо ориентируются даже в густо приправленных ментальной спецификой вещах.

В конечном итоге конгресс прошел хорошо, если забыть о проблемах, связанных с неисправным водопроводом.

Забавно, что после окончания конгресса обслуживающий персонал пищеблока обратился к нам с неожиданной просьбой. Люди в белых колпаках почему-то захотели, чтобы мы их приватизировали...

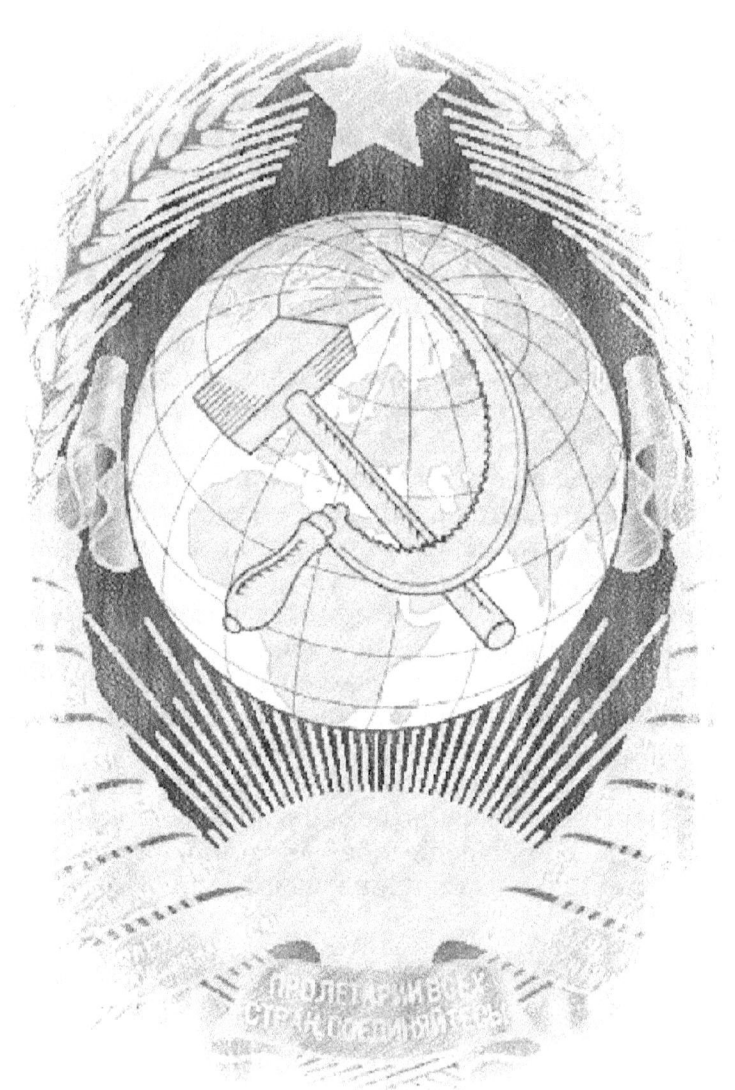

ЗАВЕТНАЯ ФОРМУЛА
(исторический обзор)

Известно, что причина любых ошибок кроется или в оплошности, или в незнании. К сожалению, часто знания, основанные на нашем опыте, оказываются ошибочными, а знания, основанные на нашей логике – заблуждением. За примерами далеко ходить не надо. Это антисемитизм и социализм.

Где же выход? Конечно, в знании. Кто поставщик наших знаний? Очевидно, наука. Проблема состоит в том, что математические формулы социальных явлений науке неизвестны. Отсюда и результаты социальных экспериментов.

Так все-таки, где же выход? Очевидно, обратиться к тем, у кого эти формулы есть. Например, к каббалистам. Вопрос, насколько они компетентны. Оказывается, что они сделали точный прогноз не только относительно антисемитизма, но и относительно социализма.

Интересны в этом смысле исследования каббалиста Бааль Сулама, проведенные им еще в 20-40-х годах двадцатого века, – тогда, когда видные ученные и мыслители всего мира с надеждой и воодушевлением воспринимали все, происходящее в СССР.

Режим принуждения, характерный для советских стран, нельзя видоизменить. Когда же его захотят сменить на подлинно коллективный строй, пропадет стимул у ра-

ботников и не смогут трудиться, и разрушат этот режим.[32]

Эта фраза точно предсказывает и подытоживает результат горбачевской перестройки.

На основании знания природы человека Бааль Сулам объясняет появление той прослойки в коммунистическом государстве, которая называлась «номенклатура».

И нет от этого иного средства, кроме как увеличить чиновникам стимул, в мере, достаточной для столь трудной работы – работы палача. Иными словами, дать им оплату в несколько раз бо́льшую, чем у простого работника. А поэтому не удивляйся тому, что в России чиновникам платят в 10-50 раз больше, чем простому работнику. Ведь их старания больше, чем у простого работника, в 10-50 раз. Если же им не предоставят достаточной оплаты, они вынуждены будут пренебречь своим надзором, и государство развалится.[33]

О коммунистических методах правления и удержания власти Бааль Сулам знал задолго до их применения на практике.

В такой стране, где коммунисты будут править антикоммунистами, начальники обязаны следить за тем, чтобы у граждан не

---

[32] Бааль Сулам. Последнее поколение. Kitvei Baal Hasulam. ARI. Israel. 2009. P. 817.

[33] Бааль Сулам. Последнее поколение. Kitvei Baal Hasulam. ARI. Israel. 2009. P. 818.

было возможности обнаружить применяющуюся к ним несправедливость и угнетение. Поскольку все рабочие места будут под контролем начальства, оно предпишет печатникам не печатать, а ораторам не высказывать и не выражать никакой критики своих действий. Наоборот, они будут обязаны лгать и прикрывать начальство, изображая рай на земле. И никогда не выйдет на свет их беда. А если начальству по какой-либо причине не понравятся меньшинства, оно сможет стереть их с лица земли, без стыда и без опасений перед внешней оглаской.[34]

Что касается следующей цитаты – трудно поверить, что ее автор никогда не жил в Советском Союзе.

Если спекулянты и торговцы станут распределителями благ, то потребители превратятся в получателей милостыни и подаяния от распределителей, которые будут поступать с ними по собственному произволу, или в мере страха перед управляющими.[35]

О борьбе советского народа за мир во всем мире Бааль Сулам высказался тоже вполне определенно.

Коммунизм не в силах обеспечить мир в мире. Ведь даже если примут все народы мира этот коммунистический режим,

---

[34] Бааль Сулам. Последнее поколение. Kitvei Baal Hasulam. ARI. Israel. 2009. P. 831.

[35] Бааль Сулам. Последнее поколение. Kitvei Baal Hasulam. ARI. Israel. 2009. P. 824.

все еще не появится никакой причины, обязывающей к тому, чтобы народы, богатые средствами производства, сырьем и атрибутами цивилизации, поделились с бедными народами сырьем и средствами производства поровну.[36]

Уже не секрет, что все проблемы человечества кроются в его эгоистической природе. Попытки изменить ситуацию продолжаются на протяжении всей человеческой цивилизации. Этим занимается религия, этим занимается и наука. Результаты этих попыток известны и не нуждаются в комментариях, однако эксперименты в этом направлении продолжаются и поныне.

Изобретены альтруистические таблетки на основе гормона окситоцина. Идут поиски гена альтруизма и попытки изобрести детектор для борьбы с закоренелыми эгоистами. Не прекращаются попытки найти в мозгу участок, ответственный за эгоистическое поведение человека.

А ведь на самом деле мы ломимся в открытую дверь. Каббалисты давно разработали методику, способную сбалансировать природу человека со всей остальной природой. Методика не переделывает человека – она запускает силу, создавшую все мироздание. Эта сила выводит человека на другой, более совершенный уровень.

---

[36] Бааль Сулам. Последнее поколение. Kitvei Baal Hasulam. ARI. Israel. 2009. P. 820.

КОНГРЕССЫ. ПРОДОЛЖЕНИЕ

Каждый год в разных точках мира проводится много международных конгрессов. К тому же, во время проведения каждого такого конгресса параллельно в других странах проводятся еще и так называемые «зеркальные конгрессы».

Понятно, что в каждой стране есть своя специфика, но несколько конгрессов можно считать краеугольными. Один из таких конгрессов прошел в Турции в 2009 году.

Он был организован в непривычных для ББ условиях. Все мероприятия без исключения проходили в одной гостинице, и мы впервые проводили трапезы не вместе, а в обычном гостиничном формате за отдельными столиками, иногда вперемешку с обычными туристами. Кстати, неприятно поразила еда, которая несмотря на свое разнообразие и аппетитный вид была абсолютно безвкусной, как вата. Ни до этого, ни после никто не сталкивался с таким странным феноменом.

Возможно, эта аномалия должна была в чем-то сбалансировать тот зашкаливающий положительный заряд, который шел от уроков и других мероприятий. О том, что там происходило, можно получить представление хотя бы из того факта, что в танце, который стихийно возник на сцене, ведущим танцором был сам Учитель.

Когда в 2003 г. был проведен первый конгресс, никто не мог предвидеть ту цепную реакцию, которая затем последовала. Конгрессы, несмотря на кажущуюся обыденность, становятся все более действенным инструментом объединения. В последнее десятилетие

проходит в среднем около 10 конгрессов в год, часть из которых виртуальные.

Немного о географии стран, проводивших конгрессы. Список стран в хронологическом порядке включения в международное конгрессное движение выглядит так: Израиль, Украина, Канада, Германия, США, Австрия, Швейцария, Эстония, Польша, Англия, Аргентина, Турция, Италия, Испания, Россия, Литва, Чили, Бразилия, Грузия, Швеция, Болгария, Франция, Колумбия, Мексика, Румыния, Чехия, Казахстан, Грузия, Исландия, Молдавия.

Каждый год этот список пополняется, также как добавляются новые города и регионы внутри этих стран.

Несколько слов о конгрессах в пустыне Арава, которые выделяются своим экзотическим природным антуражем и особым внутренним драматизмом.

Арава – это равнинная пустыня к югу от Мертвого моря, протяженностью в 175 км. Конгресс в Араве предшествовал традиционному Израильскому конгрессу, который в последние годы проводится в комплексе Ганей-Тааруха в Тель-Авиве.

Несколько дней подряд в условиях полной изоляции от внешнего мира, с выключенными телефонами шла интенсивная работа по объединению.

В одной из предыдущих глав упоминался один такой конгресс в Араве, когда выпало аномально большое количество осадков. Но и без дождей эти конгрессы воспринимались как особо напряженные с точки зрения внутренней каббалистической работы.

Однажды главным условием участия в этом конгрессе было письменное поручительство двух товарищей…

ПРОСТО ТАК НАС НЕ ВЫПУСТЯТ
(обзор прессы)

Впервые за нашу жизнь мы почувствовали щемящее чувство сопереживания к людям, которые не имеют никакого отношения к нам, к нашей семье и даже к нашей стране.

При обычных обстоятельствах такое состояние практически недостижимо. Сегодня итальянские врачи с радужными пятнами гематом от защитных масок на усталых лицах вызывают в нас ощущение близких и родных людей. Сообщения о стариках Испании, оставшихся без медицинский помощи, вызывают в нас одновременно сострадание и гнев.

Смерть шестнадцатилетнего подростка от коронавируса в Америке вызвала бурный шквал реакций в социальных сетях многих стран. Даже к животным мы почувствовали не наигранное, а подлинное сочувствие после того, как в Бельгии обнаружили кошку, зараженную коронавирусом.

Как это объяснить? Все просто. Мы понимаем, что завтра на месте итальянских врачей могут стать наши врачи, те самые, от которых напрямую зависит благополучие и жизнь нас и близких нам людей. На месте испанских стариков могут быть наши родители и наши родственники. А безымянный бельгийский кот имеет прямое отношение не только к домашнему любимцу, но и ко всем другим котам, которые могут стать непроизвольными переносчиками инфекции.

Нам болит за других, потому что понимаем, а сегодня даже ощущаем, что завтра на их месте можем оказаться мы и те, кто нам близок и любим.

В течении считанных недель вирус легко справился с тем, о чем мечтали на протяжении всей истории величайшие мыслители человечества. По команде из центрального пункта природы он сблизил всех людей планеты, хотя и превратил их при этом в виртуальных персонажей фэйсбуков, ватсапов и скайпов.

Мы не верим в разумность природы, хотя и самоотверженно следуем ее законам. Чтобы построить ничтожный мир, балансирующий на грани ядерной войны, «разумное человечество» потратило тысячи лет и бросило в топку миллионы жизней. «Неразумная природа» почти мгновенно осадила «разумное человечество» и сделала это практически бескровно.

По ее строжайшему указу мы теперь заперты между холодильником, туалетом и кроватью. Наши прогулки ограничены короткими перебежками в магазин и обратно.

Природа разделила наши тела, чтобы мы перестали вредить ей, а главное, самим себе.

Через две недели после нашего отсутствия по набережной Эйлата уже разгуливают удивленные козероги, а в центре Хайфы пощипывает травку семейство диких кабанов. Кривая преступности и терроризма стремится к нулю.

Такого удара по самолюбию человечество не испытывало никогда. Наш бесконечный крик: «Я ЗНАЮ, КАК ЖИТЬ, НЕ УЧИТЕ МЕНЯ!» застрял у нас в горле, как кость.

Нам прямым текстом говорят простую и на самом деле известную всем истину. МЫ НЕ УМЕЕМ ЖИТЬ ВМЕСТЕ.

Когда мы вместе, мы безостановочно вредим и гадим, и прежде всего, самим себе. Нужно быть идиотами, чтобы не понимать, что миллионы видов вирусов, которые нас окружают, могут превратить нас в биологический мусор за считанные секунды, и нужно быть трижды идиотами, чтобы думать, что все это лишь случайность, а потому ни к чему не обязывает.

МЫ ОБЯЗАНЫ НАУЧИТЬСЯ ЖИТЬ ВМЕСТЕ, иначе вирусы начнут мутировать и никогда не выпустят нас из квартир.

КАК ПРЕПОДАВАТЬ КАББАЛУ

В 2000 г. Учитель совершил большой тур по Израилю с вводными лекциями на русском языке.

Это вызвало бурную ответную реакцию, и в результате в городах, где он побывал, открылись учебные классы.

Начался экстренный набор преподавателей. Времени на раскачку не было, поэтому было решено просто бросить всех желающих в «бой» и уже на месте определить профпригодность кандидатов. Мой «преподавательский потенциал» было решено измерить в городе Ришон-ле-Цион.

Первое занятие проходило в чей-то квартире, в которой собралось человек 40. Там я под наблюдением аттестационной комиссии в составе двух опытных преподавателей провел свой первый в жизни урок. Комиссия осталась довольна увиденным, а точнее услышанным, и я начал раз в неделю преподавать.

Моя группа была очень разношёрстная. Возраст учеников, если учитывать мою младшую дочку, которую я привозил с собой, и ее сверстника, которого так же, как и я, брали с собой родители, колебался от 9 до 70 лет. Образовательный ценз учеников был в том же духе. Женщин, как это обычно бывает, было гораздо больше, чем мужчин.

Ученикам потребовалось какое-то время, чтобы разобраться, что значит на самом деле учить каббалу. Когда они осознали, что их продвижение зависит от объединения, начался процесс формирования каббалистической группы. В конечном итоге в ней образовался постоянный состав, около 20 человек.

Года через два было решено, что группы могут заниматься сами, без преподавателя, слушая уроки в Интернете.

Со многими бывшими учениками у меня сохранились теплые связи до сих пор. Они приезжают в Петах-Тикву и очень помогают нашему центру по хозяйству и в проектах по распространению. Некоторые влились в центральную группу Петах-Тиквы.

Моя дочь и некоторые другие тогдашние подростки, сегодня уже сами воспитывают собственных детей на тех ценностях, которые усвоили во время уроков.

В июле 2001 года прошел первый съезд учеников всех наших израильских групп. На нем собралось более 500 человек. Съезд проходил в зале торжеств «Гефен Пурия» в Бней-Браке, в котором мы проводили в те годы праздничные мероприятия.

В тот период мы были в процессе переезда из Бней-Брака с улицы Райнес №3 в Петах-Тикву на улицу Жаботинского №112. На тот момент в Израиле было 33 группы, обучавшихся на русском языке, 10 – на иврите, четыре из которых вели выходцы из СНГ.

В те же годы русскоязычные ученики поехали преподавать за границу. В Россию, Америку, Австрию.

В 2002 году, когда я уволился с железной дороги, мне предложили преподавать в Америке. Однако у американского посольства было свое мнение по этому поводу, и визу я не получил. На следующий год меня хотели с той же целью отправить в Москву, но и на этот раз я остался дома.

Как ни странно, но именно благодаря выходцам из СССР сегодня миллионы человек во всем мире занимаются древней наукой, которая вышла в большой мир из Древнего Вавилона около 4000 лет назад.

Очевидно, это связанно в том числе с той специфической подготовкой, которую мы, сами того не зная, прошли в Советском Союзе...

СОЦИАЛИЗМ НЕ БЫЛ
(исторический обзор)

Человек – социальное существо от рождения. На протяжении всей истории он находится в перманентном поиске оптимальной схемы объединения. Поэтому неудивительно, что мы относимся с уважением к тем, кто способствует объединению, даже к таким жестоким завоевателям, как Чингиз-Хан.

Возникает резонный вопрос: «Почему же мы до сих пор не объединены?»

Очевидно, есть причина, и причина серьезная. Возможно, вследствие этой причины все «объединительные» идеи терпят крах. Раньше это произошло с социализмом, сегодня на пороге краха стоит Евросоюз.

А действительно, почему социализм не закрепился? Ведь многим людям, и не только большевикам, социалистическая идея была очень близка и понятна.

Если в Европе есть еще друзья справедливости, они должны почтительно склониться перед этой Революцией, которая впервые в истории человечества попыталась учредить народную власть, действующую в интересах народа.

Рожденная в лишениях, возросшая среди голода и войны, советская власть еще не довершила своего громадного замысла, не осуществила еще царства справедливости.

Но она по крайней мере заложила его основы.

> *Она посеяла семена, которые при благоприятном стечении обстоятельств обильно взойдут по всей России и, быть может, когда-нибудь оплодотворят Европу.*[37]

Что бы ни происходило после Революции и как бы к этому ни относились, но еще в середине 80-х годов прошлого века ничего не говорило о том, что советский социализм обречен.

> *Для развитого социализма в СССР характерны высокоразвитые производительные силы, обеспечивающие заметный поворот экономики к всё более полному удовлетворению многообразных материальных и культурных потребностей людей.*
> *Органическая целостность и динамизм социальной системы, которая опирается на перерастание союза рабочего класса и крестьянства в союз всех работников физического и умственного труда, образование исторически новой социальной и интернациональной общности – советского народа.*[38]

Пожалуйста, даже сформировалась неведомая доселе общность. И вдруг, как по мановению волшебной палочки, произошла смена декораций. Словарь, в котором социализм не так давно превозносился, как величайшее достижение, сегодня гневно обличает:

---

[37] Франс А. (1844-1924) – французский писатель и литературный критик. Пятая годовщина русской революции. (8 ноября 1922). Собр. соч. в 8-ми томах, ГИХЛ, М., 1960, т. 8, стр. 756-759.

[38] Философский энциклопедический словарь, 1983.

Он (социализм) был чудовищен еще при зарождении. С его борьбой за превращение частной собственности в общественную. С его экспроприацией всех классов собственников – не только капиталистов, но и всей массы собственников-тружеников: крестьян, ремесленников, торговцев, представителей свободных профессий и независимых работников, – к которым можно отнести подавляющее большинство населения.

Организованное насилие одного класса над всеми иными, крайний централизм, террор, принудительный труд, тотальная власть государства, единственной партии, железная дисциплина, контроль за инакомыслием – таков далеко не полный набор средств, взятых социализмом на вооружение для достижения своих целей.[39]

Я не хочу ничего сказать о философах, но сам факт этих диаметрально противоположных формулировок заставляет задуматься. Спрашивается: насколько вообще им можно доверять?

Интересно отметить, что социализм больше, чем любой другой строй, соотносят с евреями. Чаще всего это ставят им в вину. Причем неважно, за установление этого строя или за его развал.

Евреи были, есть и будут виноваты во всем. И виноваты все. Даже тот, кто еще собирается только родиться...

---

[39] Философский энциклопедический словарь, 2010.

Евреи виноваты в том, что установили советскую власть, они же виноваты, что советскую власть разрушают. Уезжающий еврей виноват в том, что уезжает, остающийся – в том, что остается...[40]

---

[40] Войнович В.Н. (род. 1932 г.) – российский прозаик, поэт, драматург. http://profismart.org/web/bookreader-120413-39.php

ЗАГЛЯНУТЬ В БУДУЩЕЕ

После переезда в Петах-Тикву у нас начались настоящие революционные преобразования. Работа в десятках, открытие большого количества групп в Израиле и за рубежом, всеизраильские и международные конгрессы. Все это так или иначе способствовало и способствует отработке модели общества будущего.

Начался этот процесс в Бней-Браке в 1999 г., когда мы начали изучать статьи Бааль Сулама под общим названием «Последнее поколение». Тексты были напечатаны на стандартных листах бумаги формата А4. Книг с этой статьей тогда еще просто не существовало.

На меня эти записи произвели невероятное впечатления. До этого момента я даже не подозревал, что каббала занимается анализом социальной жизни общества и предлагает практические рекомендации в этой области.

*Вначале следует создать маленькую организацию, в которой б*о*льшая часть общества будет готова работать в меру своих сил и получать по потребностям, обусловленным методикой каббалы. И будут усердно трудиться подобно тому, кто работает на подряде; причем более, чем стандартные 8 часов. И будут в этой организации все формы полного государственного управления. Одним словом, распорядка этого маленького общества хватит на то, чтобы сформировать*

рамки для всех народов, ничего не убавляя и не прибавляя.

И организация эта будет словно центральная точка, расширяющаяся на народы и страны до края мира.

Всякий входящий в эти рамки примет управление и программу организации. Таким образом, весь мир станет одним народом – на радость и беду, включая последствия.[41]

Чтобы начать реализовывать задуманное Бааль Суламом, были предприняты конкретные шаги. Группа стала обращаться в организации, которые занимались приемом в кибуцы и мошавы. Также начались поиски подходящих мест для компактного проживания. Чтобы включиться в этот процесс, ученики даже прошли специальные психотесты.

Наши представители разъезжали по всей стране. Община почти в полном составе с женщинами и детьми ездила в Ашдод, Лод и даже на Голаны недалеко от границы с Сирией, в поселение Кацрин.

После последней поездки в Ашдод был проведен «опрос населения», из которого следовало, что к совместному проживанию готовы только около трети семей.

Интересно, что много лет спустя был проведен подобный опрос относительно проведения совместных трапез. Оказалось, что количество пожелавших участвовать в трапезах опять составило около трети опрошенных.

Вместе с этим один коллективный проект завершился успешно. Мы все вместе вступили в одну телефонную компанию и получили возможность звонить

---

[41] Бааль Сулам. Последнее поколение. Kitvei Baal Hasulam. ARI. Israel. 2009. P. 835.

друг другу без ограничения времени по специальному четырехзначному номеру.

Надо сказать, что на заре становления группы, войти в нее было очень и очень непросто. Только после выполнения определенных условий, человек мог подать просьбу о приеме в группу. Судьба претендента решалось голосованием на закрытом заседании...

КАББАЛИСТИЧЕСКАЯ СОСТАВЛЯЮЩАЯ
(исторический обзор)

Все заповеди, от кашрута до субботних ограничений, несут каббалистическую информацию. Важно отметить, что каббалистическая составляющая еврейских обычаев не имеет никакого отношения к тем механическим действиям, которые выполняют люди, следующие традициям.

Точно так же обстоит дело и с историческим повествованием в Торе. Весь текст, целиком, – это каббалистическая информация. О том, насколько повествование соответствует историческим событиям древности, каббалистов интересовало и интересует мало, поскольку главное – методика, а не история.

Сказано в книге Зоар:

Разве Тора дана нам для того, чтобы рассказать нам об истории и повседневных вещах? Ведь подобное есть и у других народов.

Трудно, а скорее всего, невозможно придумать рациональные объяснения для многих обычаев евреев. Действительно, какая может быть польза от кожаных коробочек (тфилин), наложенных на лоб и на бицепс во время утренней молитвы?

В то же время в каббалистических книгах этому посвящены целые разделы. Каббала – наука точная, поэтому, как и в любой другой точной науке, в ней используется специальная терминология. Например, смысл заповеди «наложение тфилин» звучит так:

«ЗОН де-Ацилут, который делает зивуг де-акаа, получает свет, – тогда кли называется «кли тфилин», а свет – «свет тфилин»».

Ничего не поделаешь, без соответствующей подготовки понять, что скрывается за этой формулировкой, не представляется возможным. Впрочем, схожая ситуация и в других науках. Скажем, в математике или медицине.

В итоге вырисовывается такая картина. Со своей задачей каббалисты древности справились. Методика исправления до нас дошла. Относительно же заповедей они высказались вполне однозначно:

> *Какая разница Творцу, что кто-то режет скотину с шеи, а кто-то с затылка? Ведь заповеди даны ни для чего другого, как только для того, чтобы очистить (соединить) ими творения.*[42]

---
[42] Мидраш Раба, Лех Леха, 44:1.

פרי חכם
Pri Hacam

מוסקט לבן
White Muscat

ЗАГЛЯНУТЬ В БУДУЩЕЕ. ПРОДОЛЖЕНИЕ

После проведения серии успешных конгрессов в Кфар-Ситрине была даже предпринята попытка его приобрести. Мы хотели начать реализацию идей Бааль Сулама по построению нового общества.

Чтобы решиться на такой судьбоносный шаг, должны быть определенные предпосылки. Надо заранее подготовить к общинной жизни людей, изначально к этому не предрасположенных и, кроме того, необходимо подумать об источнике дохода после переезда в Ситрин.

На протяжении уже многих лет мы варились в «котле коллективной жизни», который, по сути, готовил нас к этому шагу. Это трапезы в шаббат, проведение всех праздников совместно с семьями, проекты по распространению, групповые поездки на могилы РАБАШа и Бааль Сулама, мероприятия по сплочению в Цфате и на горе Мирон.

Кроме того, у нас были еженедельные поездки на море после урока в пятницу, семейные пикники, уроки физкультуры после утренних уроков и многое другое...

Чтобы активировать процесс объединения с одной стороны, и адаптировать его к современным реалиям с другой стороны, в июле 2002 года была даже привлечена научная группа «К открытому человеку и открытому обществу» под управлением Олега Савельзона.

Целые сутки мы не выходили из центра, пытаясь с помощью экспериментов, которые проводили ученые, глубже вникнуть в модель будущего общества, предложенную바аль Суламом.

И наконец, к тому времени у нас уже был накоплен определенный опыт построения экономической базы, чтобы начать жить сообща. Начиная с 2002 года мы занимались производством собственного вина.

Эту идею предложил Учитель после переезда в Петах-Тикву. Проект возглавил один ветеран каббалистического движения, у которого, как выходца из Молдавии, очевидно, была «генетическая предрасположенность» к этому проекту.

Проект продолжался более трех лет.

Сбор винограда происходил в нескольких местах Израиля. Например, в августе 2004 года мы собирали виноград в кибуце «Нахшон», расположенном в 50 километрах от Петах-Тиквы. Это было впечатляющее зрелище, достойное кисти художника.

Ночь, звезды, предгорье Иерусалима, виноградник. В ослепляющем свете прожекторов 200 каббалистов, собравшиеся со всего Израиля, поют песни и до самого рассвета собирают виноград...

В 2006 г. проект был остановлен. Прежде всего потому, что попытки строительства общинной жизни по независящим от нас причинам не имели продолжения, и кроме того, появились совершенно новые возможности по распространению, которые потребовали больших человеческих и финансовых ресурсов.

БААЛЬ СУЛАМ
(исторический обзор)

Родился Йегуда Лейб Ашлаг (при рождении Лейбко Ошляк) 4 ноября 1885 г. в г. Луков (Łuków) в ста с лишним километрах от Варшавы, столицы Царства Польского, тогда части Российской империи, в семье Симхи и Маши Ашлаг (Ошляк).

Известно, что еще юношей, учась в ешиве, он начал заниматься каббалой. Это «увлечение», мягко говоря, не приветствовалось. Свои занятия он не оставил, а тексты каббалистических книг просто прятал между страницами Гмары.

Вместе с отцом он ездил в городок Калушин, находящийся в полусотне километров от Варшавы, к известному каббалисту, адмору[43] Меиру Шалому Рабиновичу.

---

[43] Аббревиатура слов адонену морену ве-раббену: господин, учитель и наставник наш. Звание духовного вождя у хасидов.

שער הזהר

על חמשה חומשי תורה

מהגאון החלקי רבי שמעון בן יוחאי זי"ל

עם הפירוש דרך אמת

ועם הביאורים הנפלאים

הסולם

הוא כל דברי ספר הזהר במלואם,
וכל מעינים הפשוטים עד המקומות
הסתומים ביותר, ואינו מניח אף מלה
אחת בלי פירוש. ומלבד אותם המקומות
שבזהר, העוסקים בנגלה וקבלה הרי
הוא ביאור שוה לכל נפש.

מראות הסולם

הוא מלוי אל ביאור הסולם, איה
המקומות שצריכים לאריכות יתר.
הוקבע במקום במראות הסולם.

מסורת הזהר

יראה על עיר מקומה לעיין המדובר שנמצא בכל חלקי הזהר, תקוני זהר, זהר חדש ותקונים חדשים

לוח המראה המקיף

יכיל את הדפים משונים בתקוני זהר, והי' קדש ותקיפה של רמזים טובים להדרוש שב, בכורתי.

חלופי גרסאות

מביא כל הטעיות שנאו בדפוסים וקדומים וקדומים מהנה סרוא לך אתה

רב יקל על העיון לדיין הסוגיות במושה, העוסקים בברכת הקבלה. הוספה בן
הסי' פתיחה להכמת הקבלה

חלק א

רב ומהרש ומפרשם פנים בסברות ופנים מאירות ...
וצבדות בזהלקו בית שער למכסת יסד זה

После кончины учителя он продолжил занятия у его сына, рабби Йешуа Ашера, жившего в городке Парисов, также находившегося недалеко от Варшавы. Долгие годы рав из Парисова оставался учителем Йегуды.

В девятнадцать лет он становится раввином и получает официальную должность судьи и законоучителя (морэ цедек). Вскоре он женится на Ривке Абрамович, и через год у них рождается сын, Барух, будущий его последователь и преемник.

Бааль Сулам в течение жизни издал множество книг, однако первый издательский опыт он приобрел при подготовке к печати книги «Беседы о жизни» (Сихот Хаим). Она вышла из печати в 1914 году в городе Петроков.

Все, что было до сих пор в жизни Бааль Сулама, по сути, было лишь прелюдией к дальнейшим событиям.

В письме, опубликованном в 21 томе комментариев на книгу «Зоар», под названием «Перуш а-Сулам», Бааль Сулам описывает событие, изменившее его судьбу.[44]

Однажды у его двери появился незнакомец. Уже после нескольких фраз, произнесенных этим человеком, стало ясно, что это великий каббалист. В течение шести месяцев у себя дома этот человек обучал Йегуду. Благодаря учителю, он сумел достичь величайших вершин духовного постижения. К огромному горю Йегуды, его учитель умирает. Имя этого человека, прикрывавшегося маской обычного купца, неизвестно по сей день.

С этого момента Бааль Сулам делает все, чтобы высокие идеи каббалы воплотить в жизнь. Он решает отправиться в Палестину, чтобы основать каббалистическое

---

[44] http://www.kab.co.il/kabbalah/short/148510

поселение. Собранные им 300 семей[45] начали подготовку к переезду. Трудно даже представить, как во время гражданской войны, шедшей на обломках Российской империи, он собирался переправить такую большую общину.

Подготовка шла полным ходом: люди обучались необходимым для переселенцев профессиям, было куплено оборудование для обработки кожи и производства мыла, и даже заказаны сборные домики в Стокгольме.

И в этот момент происходит неожиданное. Опасаясь светского влияния в Палестине, раввинат Варшавы запрещает репатриацию. Доводы Бааль Сулама об опасности, нависшей над евреями Европы, не помогают…

Теперь его ничто не удерживало в Польше. Осенью 1921 года, в дни праздника Суккот, Бааль Сулам прибывает в Землю Израиля.

По приезде он отправляется в Иерусалим, в знаменитую каббалистическую ешиву с более чем 200-летней историей – «Бейт-Эль». В свое время ею руководил легендарный каббалист РАШАШ[46].

Однако там его ожидает разочарование. «Каббалисты» учат и даже с легкостью цитируют источники, не задумываясь о цели своих действий.

> *И я очень смеялся над ними, ведь если так, то как соединилось все в сердце АРИ без знания и понимания? И ответили мне, что*

---

[45] Аарон Сорский. Статья «Адмор рав Йугуда Лейб». http://www.kab.co.il/kabbalah/short/148320

[46] РАШАШ – рав Шалом Мизрахи Шараби (1720-1777) – выходец из Йемена, один из самых заметных восточных каббалистов. Автор комментариев на писания АРИ, «Молитвенника РАШАШа» и др. известных произведений.

все это он получил от Элиягу, который знал внутреннюю часть, поскольку был ангелом. И тогда излил я на них свое презрение, так как не осталось у меня терпения оставаться далее с ними.[47]

Бааль Сулам набирает группу и начинает преподавать настоящую каббалу, а для покрытия материальных потребностей семьи он открывает цех по обработке кожи.

---
[47] Бааль Сулам. Предисловие к книге «Уста мудрого». Kitvei Baal Hasulam. ARI. Israel. 2009. P. 809.

Однако это длилось недолго, и вскоре его назначают на раввинатскую должность.

Теперь он живет и работает в пригороде Иерусалима – Гиват Шауль. Там, в 1925 году, Бааль Сулам основал школу под названием «Бейт Ульпана – Итур Рабаним»[48].

Через некоторое время происходит особое событие, которое он сам описывает так:

> *И сказал Бог мне: «...и сделаю тебя великим мудрецом, ибо тебя Я избрал праведником и мудрецом в этом поколении, чтобы излечил ты бедствие человеческое полным избавлением».*
> *И наполнился я мудростью прекрасной...*
> *Так прибавлял мудрости ежедневно сто восемьдесят дней...*[49]

Вновь, как и после встречи со скрытым каббалистом, он выходит на новый уровень духовного постижения. Как и в прошлый раз, это заняло шесть месяцев, и точно так же, как тогда, Бааль Сулам круто меняет свою жизнь. Он едет в Лондон и пишет книгу «Паним мэирот у-масбирот». В предисловии к книге он во весь голос провозглашает свою цель – массовое распространение каббалы:

> *И отсюда пойми сказанное в Зоар: «Благодаря этой книге выйдут сыны Израиля из изгнания» ...*

---

[48] Газета 30.05.1941, «הצפה» стр. 12.
[49] Бааль Сулам. Пророчество. Kitvei Baal Hasulam. ARI. Israel. 2009. P. 509.

И коль скоро это так, обязаны мы открывать школы и писать книги, чтобы ускорить распространение науки среди народа...[50]

Тогда же он сочиняет сборник каббалистических мелодий.

Друг и единомышленник Бааль Сулама – каббалист, главный раввин подмандатной Палестины, рав Кук. Они часто встречаются, и их встречи продолжаются часами. Рав Кук поддерживает Бааль Сулама в его стремлении распространять каббалу. Его согласие на издание книг Бааль Сулама, стоящее на первых страницах, – тому свидетельство.

Тем временем в Германии к власти приходят нацисты. Бааль Сулам знает, к чему это может привести. Он решает издать серию брошюр со статьями, способными изменить ход истории.

То, что пишет Бааль Сулам, по своей мощи страшнее любой бомбы – они взрывают ортодоксальные стереотипы. Впервые в истории каббалист заговорил языком, понятным каждому человеку. Его стиль прост, ясен и часто нелицеприятен.

Из статьи «Дарование Торы»:

Почему дана Тора только народу Израиля, а не всему миру, в равной степени? Нет ли здесь национальной избранности?
И понятно, что только душевнобольной может так думать.[51]

---

[50] Бааль Сулам. Предисловие к книге «Паним мэирот у-масбирот». Kitvei Baal Hasulam. ARI. Israel. 2009. P. 136-137.

[51] Бааль Сулам. Дарование Торы. Kitvei Baal Hasulam. ARI. Israel. 2009. P. 386.

קונטרס מתן תורה

עת לעשות

מאמר מתן תורה
לחג השבועות

В его планах выпустить 50 брошюр. В свет выходят только три брошюры: «Дарование Торы», «Поручительство», «Мир»... Противники распространения каббалы из религиозной среды с помощью британских властей добиваются запрета на дальнейшие публикации...

Для людей, живущих обычной жизнью, существует четкая граница между прошлым, настоящим и будущим. Для каббалиста, способного мгновенно видеть следствия совершенных деяний, все складывается в целостную картину. В статье «Служанка, наследующая своей госпоже», написанной в 1935 г., он пишет:

> ...общество (население Земли), насчитывающее 8 миллиардов человек, может поставить себе на службу языковедов более крупных и многочисленных, чем наше общество (еврейский народ), состоящее примерно из 15-ти миллионов человек...[52]

Для справки. В 1930 году на Земном шаре было около 2 миллиардов человек. Евреев в 1939 году было 16.6 миллионов. Официальная статистика сообщает, что на сегодняшний день (2020 год) в мире проживает около 7.8 миллиардов человек и среди них – 14.8 миллионов евреев.

Таким образом, Бааль Сулам описывает абсолютно точно в цифрах ситуацию, которая была отдалена от него почти на 100 лет!

В 1937 году Бааль Сулам начал издавать фундаментальный научный труд «Учение Десяти Сфирот» – комментарий на книгу АРИ «Древо жизни». Основополагающий учебник по каббале, состоящий из 16 частей,

---

[52] Бааль Сулам. Служанка, наследующая своей госпоже. Kitvei Baal Hasulam. ARI. Israel. 2009. P. 455.

включающих более 2000 страниц, который описывает всю духовную работу человека.

Первого сентября 1939 года начинается Вторая мировая война. Бааль Сулам видит то, на что современники сознательно закрывают глаза – приближающуюся гибель миллионов. Поэтому он идет на беспрецедентный шаг: издает газету «Аума» («Народ»).

Первый номер выходит из печати 5 июня 1940 года. В первых же строках Бааль Сулам с болью говорит о причинах появления газеты:

> *...Оно (издание газеты) стало следствием яда ненависти, поразившего народы мира стремлением стереть нас с лица земли...[53]*

Второй номер газеты должен выйти через две недели. Но газету закрывают. И вновь те же самые силы применяют испытанный однажды метод – запрет британских властей. А потом произошло страшное – Катастрофа европейского еврейства...

Каббалист Йегуда Ашлаг знает, что благополучие народа и всего мира зависит от распространения идей единства. Поэтому он встречается со многими еврейскими лидерами той эпохи, в числе которых: Бен-Гурион[54],

---

[53] Бааль Сулам. Газета «Народ». Kitvei Baal Hasulam. ARI. Israel. 2009. P. 487.

[54] Давид Бен-Гурион (1886-1973) – крупный политический и государственный деятель Израиля. Первый премьер-министр Израиля. Занимал эту должность в (1948-1954), (1955-1963) г.

Моше Шарет[55], Залман Шазар[56], Моше Арам[57], Хаим Арлозоров[58] Хаим Бялик[59] и другие.

Из письма Бен-Гуриона:

Несколько лет назад мне довелось неоднократно встречаться в Тель-Авиве с равом Ашлагом и подолгу беседовать с ним – и о каббале, и о социализме...[60]

Основной труд своей жизни – комментарий на книгу «Зоар», под названием «Перуш а-Сулам», – он начал во время Второй мировой войны, самой ужасной из войн в истории человечества.

Очевидцы поражались тому, как он пишет. То, что он делал, было сродни чуду – он сразу писал набело. Из-под пера непрерывно текли слова и заполняли страницы. Страницы складывались в тома и сразу, без правки, уходили в набор.

Два сердечных приступа, последовавшие один за другим, останавливают гонку. Выздоровление шло очень тяжело и длилось несколько месяцев.

---

[55] Моше Шарет (1894-1965) – израильский государственный деятель. Премьер-министр (1954-1955), первый в истории Израиля министр иностранных дел.

[56] Залман Шазар (1889-1974) – израильский общественный деятель, историк, писатель, поэт. Министр воспитания и образования (1949-1950). Третий президент Израиля (1963-1973).

[57] Моше Арам (1896-1978) – израильский политический деятель, депутат Кнессета пяти созывов (1949-1951), (1951-1955), (1955-1959), (1965), (1965-1969).

[58] Хаим Арлозоров (1899-1933) – экономист и политик, один из лидеров сионистского движения.

[59] Хаим Нахман Бялик (1873-1934) – писатель, переводчик, классик современной поэзии на иврите.

[60] Архив Бен-Гуриона, письмо от 20.05.1958.

Но, вот все позади! Поставлена последняя точка. Комментарий к самой главной каббалистической книге – Книге Зоар – готов. Именно тогда его стали называть «Бааль Сулам», что означает «обладатель лестницы». В каббале «лестница» – это путь духовного подъема.

Вместе с тем на печать книги не хватает средств, и он сам становится на место наборщика… Символично, что за этот многотомный труд в 1954 году, незадолго до смерти, Бааль Сулам получает почетную премию, учрежденную в честь его друга рава Кука…

О Бааль Суламе уже пишут романы, по его трудам защищают докторские диссертации, несмотря на это, миру он пока малоизвестен. По сегодняшний день замалчиваются не только заслуги Бааль Сулама, но даже его имя.

Однако жизнь не стоит на месте, и очень скоро все изменится. Почему? Потому что Бааль Сулам раскрыл человечеству путь в лучшее будущее:

> *Когда человечество достигнет своей цели на телесном, материальном уровне, то есть поднимется на совершенную ступень любви к ближнему, когда все люди мира сплотятся, как единое тело, единое сердце (как сказано об этом в статье «Мир»), только тогда во всей своей полноте раскроется счастье, ожидающее человечество.*[61]

---

[61] Бааль Сулам. Свобода воли. Kitvei Baal Hasulam. ARI. Israel. 2009. P. 426.

ВЫХОД В БОЛЬШОЙ МИР

В ноябре 2005 года д-р Лайтман был приглашен в Токио на международный форум «Всемирный Совет мудрецов», где обсуждалась тема «Создание новой цивилизации».

В начале 2006 года, а точнее 23.01.06 в Швейцарии в курортном городе Ароса на 3-м Всемирном Духовном форуме, организованным Всемирным Советом мудрецов (World Wisdom Council) (фэйсбук) – общественной организации, созданной Эрвином Ласло, с докладом выступил д-р М. Лайтман.

> *Но и на человеческом уровне природа приготовила для нас условия, позволяющие организовать нашу жизнь согласно тому же закону природы – закону любви и отдачи. В человеческом обществе всегда существует около десяти процентов альтруистов по своей генетической природе. Они всегда присутствуют в мире, и это – условие, подготовленное для нас природой. Им недостает лишь осознания того, что в их объединении и влиянии на всё остальное человечество заключается решение мирового кризиса...*

Затем в марте 2006 года в городе Дюссельдорф в Германии состоялся научный симпозиум «Диалоги мудрости и науки: новое планетарное сознание».

В том же году в апреле мы проводили весенний израильский конгресс в «Кфар а-Ярок» (Зеленая деревня).

Этот интернат наподобие Кфар-Ситрина находится в центре страны недалеко от Тель-Авива.

Условия проживания там были, мягко говоря, неважные, зато по всей территории важно разгуливали, распустив цветастые хвосты, павлины. Эти пернатые не только путались у нас под ногами, но еще имели привычку кричать во все горло в тот момент, когда у нас шел урок.

Вот в такое необычное место, да еще в Песах с его спецификой, к нам в гости приехал с ответным визитом руководитель Будапештского клуба, почетный доктор университетов Америки, Канады, Финляндии, Кореи и Японии Эрвин Ласло.[62]

Несколько слов из его бесед, которые он там провел:

> ...Пришло время признать, что мы – клетка в большем теле, и мы можем быть здоровой клеткой. Каббалистическое движение, движение «Культура Созидания» – это все признаки здоровых клеток. Они должны расти, развиться и распространяться в обществе...

Кроме того, в том же, 2006[63] году 9 сентября в Берлине на площади Бебельплац[64] (площадь Бебеля), организация Dropping Knowledge организовала нестандартное международное мероприятие «Стол свободных голосов» (The Table of Free Voices)[65].

---

[62] https://kabbalahmedia.info/ru/events/cu/FGqbh1WY?language=ru

[63] https://www.youtube.com/watch?time_continue=22&v=43jAjj7-rSM&feature=emb_logo

[64] https://www.laitman.ru/kabbalah/417.html

[65] https://en.wikipedia.org/wiki/Dropping_knowledge

За огромным круглым столом диаметром 38 метров собрались 112 деятелей искусства, философов, мудрецов, ученых, общественных деятелей со всего мира. Каждый из них отвечал на 100 вопросов. Их выбрали из той огромной массы вопросов, которые приходили на сайт организации в течении года.

Эта площадь знаменита тем, что на ней 10 мая 1933 года около 40 000 человек приняли участие в массовом сжигании книг неугодных нацистам авторов.

Д-р Лайтман был единственным представителем Израиля на этом международном форуме, что очень символично.

Все эти события говорят о том, что начался активный прорыв каббалы на международную арену. Чтобы двигаться дальше в мир, необходимо было укрепить наши позиции в Израиле. Требовалась сделать нечто такое, чтобы поднять уровень распространения на порядок выше, и такой шаг был сделан...

РАБАШ
(исторический обзор)

Когда человек открывает новую страницу в жизни? Чаще всего в молодые годы. Иногда, когда уже наступила зрелость. К каббалистам это отношения не имеет. Первую свою статью РАБАШ написал в 1984 году. В тот год ему исполнилось 77 лет.

В последующие семь лет он написал более 2000 страниц. Кроме того, во время уроков, бесед он наговорил тысячи аудиокассет. В них он открыл миру практическую каббалу.

До сих пор бытует мнение, что практическая каббала – это заклинания, гадания или/и таинственные мистерии. На самом деле все гораздо прозаичнее и, одновременно, гораздо сложнее. Речь идет о процессе объединения людей и общества на основе идеи любви к ближнему.

Благодаря Баруху Ашлагу, у нас есть сегодня современная методика реализации каббалы. Четкая инструкция заменила язык иносказаний. Он сделал то, что до него не осмеливался сделать ни один каббалист. Потому что пришло время...

Барух Шалом а-Леви Ашлаг (РАБАШ) родился 22 января 1907 года в Варшаве – столице Царства Польского, находившегося тогда в составе Российской империи.

Отцом Баруха был величайший каббалист последних поколений – Йегуда Ашлаг (Бааль Сулам). Мать Баруха – Ривка – принадлежала к известной каббалистической династии. Неудивительно, что в такой семье царил дух каббалы...

Каббалу может и должен учить каждый, но постичь ее можно только с учителем. Учителем Бааль Сулама был рабби Йешуа Ашер из городка Парисов, находящегося вблизи Варшавы, где проживала тогда семья Ашлагов. Барух очень рано начал сопровождать отца в поездках к учителю…

В те годы каббалисты из многих областей Восточной Европы иногда собирались в городе Белз, в Галиции, у известного каббалиста, адмора[66] рава Иссахара Дова. Несмотря на неспокойное время и длинную дорогу, Бааль Сулам тоже ездил туда с Барухом. Это было одно из последних мест, где понятие «духовное» сохранило еще свое подлинное каббалистическое значение.

---

[66] Аббревиатура слов адонену морену ве-раббену: господин, учитель и наставник наш.

Одна из таких поездок совпала с началом Первой мировой войны. Вследствие начавшихся военных действий отец с сыном надолго застряли в Белзе. Лишь каким-то чудом, пробравшись в последний военный эшелон с солдатами, они сумели живыми и невредимыми вернуться домой, в Варшаву.

По еврейской традиции, когда мальчику исполняется 13 лет, он становится совершеннолетним. Это праздничное событие называется «Бар мицва» (буквально – «Сын заповеди»). В этот день принято устраивать торжество с обильным угощением и приглашать много гостей. На трапезе, посвященной «Бар мицве» Баруха, было всего лишь три человека, еда состояла из нескольких ломтей хлеба и простой воды. Но разве существует мерка, чтобы измерить то, что почувствовал мальчик в тот день...

В 1921 году семья, после долгих приключений, переезжает в Иерусалим, и Барух поступает в ешиву «Торат Эмет». Вскоре Барух, несмотря на свой взрывной, непоседливый характер, становится известен, как один из самых усидчивых учеников.

Учителя предрекают ему блестящее будущее, полное высоких постов и регалий, и никто бы не поверил, что его мысли занимает совершенно другое – он мечтает попасть на уроки своего отца.

Когда Баруху исполнилось 17 лет, он получил звание раввина. Барух прошел аттестацию у самых больших авторитетов того времени: первого главного раввина Израиля, Авраама Ицхака а-коэна Кука, и первого раввина ортодоксальной общины Иерусалима, Йосефа Хаима Зоненфельда.

Все это время он жил с родителями. В возрасте 18-ти лет он женился. Женой Баруха стала Йохевед, дочь рава Йехезкеля Элимелеха Линдера, одного из уважаемых жителей Иерусалима. Йохевед родила ему семь детей, а вместе они прожили 65 лет.

После женитьбы Барух стал постоянным учеником своего отца. Уроки начинались в час ночи и заканчивались на рассвете. Чтобы попасть на урок, Баруху приходилось покрывать каждый раз пешком несколько километров из Старого города до дома отца в пригороде Иерусалима.

Маршрут этот был очень опасен. Нужно было ночью проскальзывать мимо британских блокпостов и многочисленных банд, которые подстерегали еврейских жителей города.

В то время Барух начал работать арматурщиком на стройке. Население страны стремительно росло и требовалось много жилья. Несколько позже, когда строительный бум снизился, он трудился на прокладке дороги Иерусалим-Хеврон, был сапожником, переписчиком Торы.

Случалось, его строительная бригада оставалась ночевать под открытым небом. В такие дни он добровольно брал на себя обязанности ночного дежурного по кухне, поскольку это было единственное место лагеря, в котором горел свет. Он вставал в час ночи, до рассвета самостоятельно учился, а после этого весь день работал вместе с остальными...

В 1948 году возникло государство, и появились различные государственные учреждения. РАБАШ начал работать служащим в «Налоговом управлении Израиля».

Еще задолго до этого, в 30-е годы, Барух по указанию отца начал преподавать. Он был ближайшим учеником Бааль Сулама и даже получал индивидуальные уроки. В те годы он не писал книг, но зато старательно заносил в тетрадку все услышанное от отца. В итоге

сложилась книга, которая была напечатана в 90-х годах. Она так и называется «Шамати» (Услышанное).

> *Счастлив удел сына, который удостоился усердствовать в познании тайн своего отца и всех секретов его дома, как единственный сын, которого отец поставил господствовать над всеми своими тайнами.*[67]

Путь каббалиста не прост. Помехи на пути чаще всего возникают там, где не ждешь. Так случилось и с РАБАШем. После смерти отца в 1954 году, неожиданно возник наследственный спор о правах на издание книги Зоар с комментариями Бааль Сулама.

---

[67] Zohar for All. Kabbalah Publishers. Israel. 2014, vol. 6. P. 432.

РАБАШ передает все дела по судопроизводству своему ученику, а сам в 1956 году уезжает в Англию. Он не хочет и не может участвовать в этом разбирательстве. Им движет лишь одно – издание книги отца должно быть продолжено.

В 1958 году он возвращается из Англии, где в городе Гейтсхед, а также в других местах, преподавал каббалу. После того как постановлением суда книга была передана РАБАШу, он сразу же безвозмездно передал права на издание одному из учеников.

Приближался 1995 год – время начала массового распространения каббалы, о котором говорил Бааль Сулам. Чтобы подготовить почву к этому событию, РАБАШ давал уроки по всей стране. Тель-Авив, Хеврон, Тверия, Иерусалим, Эйлат – где только мог.

В 1979 году у РАБАША появился новичок – Михаэль Лайтман. Он был совершенно не похож на тех, кто приходил до сих пор. Темпераментный молодой парень с университетским дипломом, недавний репатриант, сразу же показал свое неудержимое желание и твердый характер.

Он начинает с того, что приносит на урок магнитофон. РАБАШа это очень удивляет, и он запрещает его использовать. Однако Михаэль не отступает, разъясняет важность записи уроков для будущих поколений, и РАБАШ дает согласие.

Новый ученик, по образованию биокибернетик, привык к научному методу работы. Он чертит, составляет таблицы, скрупулезно систематизирует новые знания. РАБАШ, видя такую прилежность, предлагает Михаэлю начинать готовить материалы для начинающих, и вскоре появляются сразу три книги.

Однако главное событие произошло в 1983 году. Михаэль читает курс по работе Бааль Сулама «Введение

в науку каббала» преподавателям Института каббалы Берга. По окончанию курса, неожиданно, все слушатели – около 40 человек – переходят к РАБАШу. ти светские ребята из Тель-Авива, представители всех слоев израильского общества, сильно отличались от прежних учеников. Из новичков создается группа, и РАБАШ начинает писать для них статьи по групповой работе.

В первый раз он это сделал во время прогулки в парке, на обратной стороне сигаретной фольги. Вскоре он это делает уже регулярно. Выучившись немного печатать на машинке, РАБАШ каждую неделю старательно, одним пальцем, часами выстукивает статьи. Со временем ученики составили из этих статей серию книг под общим названием «Ступени лестницы» (Шлавей а-Сулам).

> *Условия изложения каббалистических знаний зависят не от уровня знаний каббалиста, а от свойства его души, от его способности выразить словами неощущаемое другими людьми. Лишь в зависимости от наличия в себе этой способности каббалист получает разрешение раскрыть определенную часть каббалистических знаний.[68]*

Бытует мнение, что каббалист – это затворник, оторванный от проблем материального мира. У нас есть свидетельство обратного.

Однажды, во время Первой ливанской войны РАБАШ включил радио прямо во время урока. Один из учеников очень этому удивился, на что РАБАШ сказал: «Если бы у тебя были там сыновья, ты бы, конечно, интересовался тем, что происходит, твое сердце было бы там. Там сейчас находится вся наша армия, они все мои сыновья, и естественно, я страдаю и тревожусь за них».

Он уже немолод, а обучение новых учеников требует сил. Врачи рекомендуют плавание, но РАБАШ плавать не умеет. Тогда он отправляется в бассейн и начинает учиться плаванию вместе с маленькими детьми. Кроме проблем со здоровьем, у него была еще одна – дикция. Ученики с трудом могли его понимать. Не беда – решает РАБАШ и начинает заниматься с логопедом...

---

[68] Бааль Сулам. Условия разглашения каббалистических знаний. Kitvei Baal Hasulam. ARI. Israel. 2009. P. 10.

Когда человек полностью завершит всю свою духовную работу, связанную с любовью к ближнему, он сможет удостоиться любви к Творцу.[69]

Барух Ашлаг стал последним звеном в цепочке величайших каббалистов всех времен, протянувшейся от Авраама. Все свои силы он направил на то, чтобы заложить основы духовного развития нового поколения. Для этого РАБАШ разработал методику, которая подходит каждому человеку и ориентируется на нужды современного мира. Благодаря ему, человечество способно сделать гигантский шаг к решению охвативших его проблем.

---

[69] РАБАШ. Пойдем к Фараону (2).251.עמ׳ א. כרך כתבי רב״ש ARI. Israel. 2008.

И говорит об этом РАМБАМ, приводя жизненный пример: «Если колонна из тысячи слепых людей идет по дороге, и есть во главе колонны хотя бы один зрячий, то все они уверены в том, что идут по прямой дороге и не упадут, ведомые тем, кто видит путь, но если не будет в голове колонны зрячего поводыря, несомненно собьются с пути и затеряются.[70]

---

[70] Бааль Сулам. Предисловие к книге Зоар. Kitvei Baal Hasulam. ARI. Israel. 2009. P. 448.

КАББАЛИСТИЧЕСКАЯ ГАЗЕТА

Напомним, что 9 сентября 2006 г. в Берлине на площади Бебельплац состоялась памятная встреча. А уже 22 сентября вышла первая каббалистическая газета, если не считать того единственного номера газеты «Народ» (Аума), который выпустил Бааль Сулам 5 июня 1940 г.

Сразу скажу, что за время существования нашей газеты было бесплатно роздано более 10 000 000 экземпляров.

Вначале, естественно, вышла газета на иврите. Она получила название «Каббала ле-ам» («Каббала народу»). Уже первый тираж был 250 000 экземпляров. Газету мы раздавали на перекрестках, на заправках, на стоянках, железнодорожных станциях и так далее. Короче говоря – во всех местах, где это было только возможно, ученики всех израильских групп передавали газету в руки прохожих и автоводителей.

Уже через месяц после выхода газеты на иврите, вышла газета на русском языке. Она называлась «Каббала сегодня». Так получилось, что ответственным за выпуск назначили меня.

Нужно отметить, что те, кто занимался выпуском газеты на иврите, точно так же, как и те, кто занимался газетой на русском языке, до этого понятия не имели, что это такое. Но как я упоминал ранее, главное – это желание, а все остальное, перефразируя известную песню – потом.

Тиражи были очень большие и в раздаче участвовали все группы Израиля. Скоро нашу газету можно было найти в любой точке страны.

Благодаря тому, что практически каждую газету передавали из рук в руки, нам выпала исключительная возможность узнать изнутри, чем, как говорится, дышит народ. Во время таких мероприятий наблюдались интересные вещи. Например, женщины, которые ездят на джипах, никогда не опускают бокового стекла. А если стекло было опущено, они все равно газету не брали.

С раздачей газеты на русском языке были свои сложности. Не всегда возможно определить, кто русскоязычный, а кто нет. Кроме того, некоторые русскоязычные старожилы не любят, когда к ним обращаются на улице на русском языке и тем более предлагают газету. Приходилось идти на всякие хитрости, но это уже другая тема...

Газета издавалась три года, с 2006 по 2008 г. На русском языке вышло 39 номеров.

Позже, в 2012 году, мы издавали газету «Арвут». А уже в наши дни в 2019 году мы продолжили издавать газету на иврите «Каббала ле-ам», а газету на русском языке «Каббала сегодня» переименовали на «Народ» и тем самым продолжили традицию, начатую Бааль Суламом. Напомню, что он сумел выпустить лишь 1-й номер газеты. Поэтому наша газета начала нумерацию сразу с №2.

Дело, начатое Бааль Суламом, продолжается...

КАББАЛА

ИЗРАИЛЬ

МИССИЯ ИЗРАИЛЯ
(исторический обзор)

Есть один вопрос, по поводу которого сломано много копий и который стоит рассмотреть. Это земля Израиля. Обратимся к древнему пророчеству.

И опустошу Я землю вашу, и изумятся ей враги ваши, поселившиеся на ней... И будет ваша земля в запустении, а ваши города будут руинами.[71]

Все произошло, как и было предсказано. После изгнания еврейского народа страна фактически умерла. Завоеватели меняли завоевателей, но земля оставалась мертва. Всего каких-нибудь 150 лет тому назад это была сплошная пустыня вперемежку с болотами. Знаменитый писатель Марк Твен посетил Палестину в 1867 году. Он так описывает увиденное.

Палестина не снимает власяницы, и глава ее посыпана пеплом. Над ней тяготеет проклятие, которое иссушает ее поля и сковывает ее силы...
...Палестина уже не принадлежит нашему будничному, прозаическому миру. Она отдана поэзии и преданиям – это страна грез.[72]

С появлением первых кибуцев ситуация начала меняться. В начале 30-х годов 31-й американский

---
[71] Тора, Ваикра, 26:32-33.
[72] Твен Марк. Простаки за границей.

президент Гувер сказал: «Палестина, которая находилась в запустении веками, сейчас заново обретает свою молодость, оживает благодаря усилиям и полному самопожертвованию первых еврейских переселенцев, которые трудятся в условиях душевного покоя и равноправия».

Мы можем говорить, что это случайность, можем говорить, что это ничего не значит, можем говорить что угодно, но факт остается фактом. Вернулись евреи – и все изменилось.

Невероятно, но в стране, половина территории которой – пустыня, а дожди идут лишь несколько месяцев в году, сельское хозяйство одно из самых передовых в мире. Среди всего прочего здесь производят такие диковинные продукты, как: синие помидоры, оранжевые кабачки и арбузные деревья.

Свою продукцию Израиль экспортирует во многие страны мира, в том числе и в Россию.

Израиль известен не только сельским хозяйством. Говорят, что в области передовых технологий впереди Израиля находится лишь США. Главный архитектор программного обеспечения, основатель и владелец корпорации «Microsoft», Билл Гейтс, высказался так:

> *Израиль обладает огромной мощью в мире высоких технологий, и это объясняет его существенный вклад не только в организацию стартапов, но и в создание исследовательских центров таких транснациональных компаний, как «Microsoft», «Intel» и «Motorola». Мы не просто довольны, мы супер-довольны отдачей нашего исследовательского центра в Хайфе...*

Казалось бы, Израиль нашел свое предназначение. Что может быть лучше и полезней для мира, чем новые технологии. Почему же в таком случае никто не говорит Израилю спасибо, а соседи при первой возможности обстреливают его территорию? Почему?

Совершенно очевидно, что от Израиля ждут абсолютно другого.

> *Этого они ожидают от возвращения Израиля в свою землю! И дело не в иных науках, ибо в них мы никогда не вводили новшеств и всегда были учениками народов. Речь же идет о науке каббала, о справедливости и о мире. А в этом большинство народов являются нашими учениками. И наука эта относится только к нам...*
>
> *...Без сомнения, постепенно они, или их сыновья, будут выкорчеваны из страны, и останется лишь ничтожное количество, которое, в конце концов, ассимилируется в арабской среде...*
>
> *...Если они примут каббалистическую методику, – это, конечно же, доказало бы всем народам правоту Израиля в возвращении на свою землю. И даже арабам.[73]*

---

[73] Бааль Сулам. Предисловие к книге Зоар. Kitvei Baal Hasulam. ARI. Israel. 2009. P. 837.

ЦЕЛЬ – РАСПРОСТРАНЕНИЕ

Каббалисты делают все возможное и невозможное, чтобы мир узнал о каббале. Это не блажь и не прихоть. Без каббалистического подхода к жизни человечеству не обойтись. Подтверждение этому те кризисы, которые все чаще «падают» нам на голову.

Почему этот процесс идет так тяжело? Потому что речь идет об изменении эгоистической природы человека, которая, естественно, с этим категорически не согласна.

Неприятие к каббале и к евреям (антисемитизм) исходят из одного корня. Каббала – методика исправления эгоизма. Евреи – носители этой методики. Антисемит, как правило, этого не знает. Человек просто не любит евреев, а почему – и сам не знает. Да, потом он подкрепляет свою нелюбовь разнообразными доводами и доказательствами. Но это уже потом...

> *Известно, что народ Израиля ненавистен всем народам – в силу религии, национальности, капитализма, коммунизма, космополитизма и т.д. Ведь ненависть первична по отношению ко всем доводам, просто каждый мотивирует свою ненависть в соответствии с присущей ему психологией.*[74]

Исходя из этого, приходится делать все возможное и невозможное, чтобы понизить порог отторжения к каббале. С этим явлением мы все хорошо знакомы.

---

[74] Бааль Сулам. Предисловие к книге Зоар. Kitvei Baal Hasulam. ARI. Israel. 2009. P. 832-833.

Чтобы ребенок был в состоянии принять лекарство, его заворачивают в различные сладкие обертки. Взрослый может заставить себя принять горькую пилюлю и даже подставиться добровольно под укол шприца, а ребенок нет.

Так или иначе, но каббалисты находятся в непрерывном поиске новых способов достучаться до людей.

Как уже было сказано, Бааль Сулам выпускал брошюры, газету, статьи в таком виде, чтобы это было понятно всем. Для объяснения глубоких каббалистических понятий он использует в качестве примеров: фотоаппарат, радио, электричество и т.п.

Чтобы поднять статус каббалы, он встречался с государственной, политической и общественной элитой тех времен.

Есть информация, что Бааль Сулам ради того, чтобы упрочить статус газеты «Аума» обратился к британским властям с прошением о получении гражданства в Подмандатной Палестине.

Его сын РАБАШ жил в Бней-Браке – в городе, в котором люди в буквальном смысле боялись смотреть на каббалистические книги. Ни о каком распространении не могло быть даже речи. Несмотря на такое давление, он распространял книгу Зоар, а также пытался открывать курсы в разных городах Израиля.

После прихода М. Лайтмана он пошел вообще на беспрецедентный шаг, когда взял к себе в ученики светскую молодежь.

М. Лайтман, чтобы поднять свой престиж в глазах истеблишмента, пошел на защиту диссертации. Не секрет, что приставка PH открывает двери официальных организаций и соответственно, уши, чтобы слышать.

Сложилась парадоксальная ситуация при выставлении оценок после защиты. Каббалист с 30-летним стажем получил 4 балла по каббале и 5 баллов по философии...

Сегодня ситуация изменилась. Многие наши студенты уже имеют вторую академическую степень, несколько молодых ребят даже получили звание д-р. В некотором смысле мне тоже удалось включиться в процесс поднятия престижа каббалистов. После написания нескольких книг я получил право вступить в Союз писателей Израиля, а мое спортивное прошлое позволило подготовить из наших ребят много чемпионов по гиревому спорту.

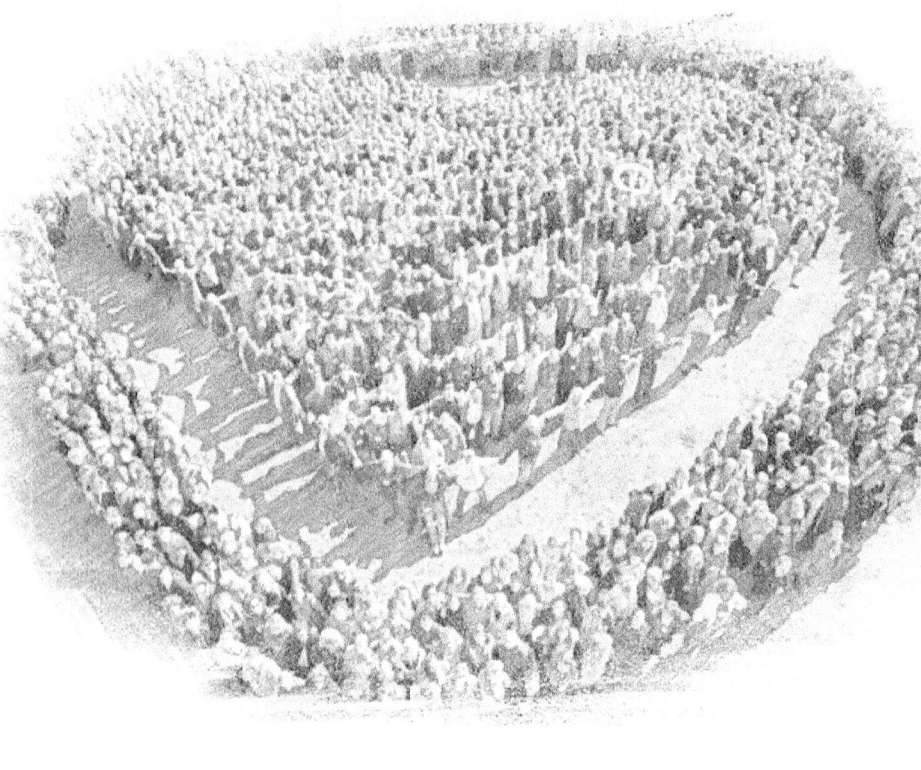

НЕПРЕДСКАЗУЕМЫЕ ПОСЛЕДСТВИЯ
(исторический обзор)

И евреи, и не евреи знают или, по крайней мере, чувствуют, что народ Израиля имеет отношение не только к развитию цивилизации, но и к тем проблемам, которые цивилизация испытывает.

Вот что сказано в Талмуде:

> *Все страдания приходят в мир только для Израиля.*

А книга «Тикуней Зоар» уточняет:

> *...они (евреи) вызывают своими поступками голод, бедность, жестокость, унижение, убийства и грабеж во всем мире.*

Ни больше, ни меньше – страдания во всем мире.

Скажем сразу – рациональных, то есть принятых в науке доказательств тому, что говорится в цитатах, нет ни у кого. На самом деле не важно, есть доказательства или нет. Важен факт, что большинство людей не сомневаются в ответственности еврейского народа за происходящее. Самое верное доказательство – антисемитизм.

> *Я склонен думать, что антисемитизм неоспорим, как неоспоримы проказа, сифилис.*[75]

---
[75] Горький М. О евреях, 1919 г.

Сегодня, когда мир столкнулся с проблемами глобализации, о евреях вспоминают все чаще. На разных уровнях говорят о происках евреев. Отдельные люди и целые народы столкнулись с ситуацией, когда дальнейшее существование возможно лишь на основе сотрудничества, взаимопонимания и взаимосвязи. Это то, что нужно всем, но как это сделать, не знает никто.

Еврейский народ имеет опыт в создании объединения такого уровня, и поэтому он обязан свой опыт передать всем. Вопрос, должен ли он вначале объединиться сам? Ответ очевиден – да.

Кстати, абсолютно очевидно и другое. Как он будет это делать, не интересует никого – это во-первых. А во-вторых, если он это не сделает, а еще хуже – даже не попытается, последствия этого бездействия непредсказуемы...

...в таком поколении все разрушители народов мира поднимают голову и, в основном, желают уничтожения сынов Израиля.[76]

---

[76] Бааль Сулам. Предисловие к книге Зоар. Kitvei Baal Hasulam. ARI. Israel. 2009. P. 453.

ТЕЛЕВЕЩАНИЕ

В 2008 г. у нас появилась возможность приобрести собственный ТВ канал. Это не произошло вдруг. Начиная с 2005 г. на канале «Карма» транслировались наши утренние уроки и передачи.

Теперь речь шла о совершенно другом уровне. Речь шла о круглосуточной трансляции не только утреннего урока с повторами в течении дня, но и множестве других тематических программ.

По сути, мы начинали с нуля. Необходимо было в короткое время выстроить ТВ студию, сделать декорации, и главное, подготовить и снять разнообразный контент.

Издать своими силами собственную газету в кратчайшие сроки – это не просто. Запустить ТВ канал на пустом месте силами людей, не имеющих об этом ни малейшего представления, задача практически невыполнимая, хотя, честно говоря, очень увлекательная.

На самом деле кое-какие предпосылки у нас все-таки были. Был профессиональный режиссер, правда, не телевизионный, монтажеры, видеооператоры и звукорежиссер.

Чтобы начать, нужно было срочно организовать видеостудию, постпродакшн, архив и декорации.

Когда пришло это понимание, сразу встал вопрос о техническом продюсере вновь созданного канала. Кто-то должен был всем этим «рулить». Рулить выпало мне.

Благодаря неудержимой фантазии нашего режиссера, вскоре у нас возникли десятки разнообразных тематических программ – от детских до сложных аналитических, каждая из которых требовала своего особого подхода и атрибутики. Например, куклы для детской

передачи «Час сказки», наподобие «Спокойной ночи, малыши», осел Момо и попугай Кики были привезены из знаменитого театра Образцова в Москве.

Постпродакшн – специальное помещение, в котором производилась звукозапись, озвучка и обработка саундтреков, должна была соответствовать особым акустическим требованиям. Здание нашего центра находилось в промышленном районе с постоянным фоновым шумом снаружи и непрерывными вибрациями внутри самого здания. Кроме разномастных мастерских, на первом этаже находился кейтеринг с промышленными холодильниками с сопутствующей таким агрегатам вибрацией. Короче говоря, места, куда бы не проникали звуковые помехи, в нашем здании просто не существовало.

Мы решили и эту задачу, хотя стоило это таких огромных технических, а главное, нервно-человеческих усилий, что даже не хочется вспоминать.

Декорации, а это множество сетов, сделал товарищ нашего режиссера на пару со своим компаньоном. Главная проблема заключалось в том, что у нас не было места для студии и для склада, чтобы хранить декорации. В результате, пришлось буквально изобретать мобильные декорации, которые можно было достаточно быстро – в течении получаса разобрать, и за такое же время собрать.

Снимались все эти программы в учебном зале, в котором по утрам занималось более сотни учеников. Это помещение необходимо было после урока переоборудовать в студию, где уже потом 4-5 раз в течение дня выстраивались разнообразные декорации.

Нужен был человек, который бы руководил этой «вечной стройкой». Этот человек должен был обладать хорошими организационными способностями и техническим образованием. Лучше кандидатуры, чем моя жена Рахель, найти было трудно, и это сказал не я...

ПУРИМ
(каббалистический обзор)

Представьте, что вы сидите в мягком кресле у себя дома. Перед вами стоит телевизор с большим экраном, ну, скажем, 42 дюйма, и на нем полным ходом разворачивается историческая киноэпопея.

Персия, ... год, столица страны город Шушан (Сузы). Против царя Ахашвероша замышляется заговор. Верный царедворец Мордехай с помощью своей родственницы Эстер, ставшей незадолго до этого женой Ахашвероша, этот заговор раскрывает.

Затем, как принято в любой кинодраме, мы видим, что преданный Мордехай, если не в опале, то, по крайней мере, в безвестности и в одиночестве прозябает возле царских ворот, а коварный интриган Аман – его ненавистник, осыпан царскими милостями...

Взглянем на обратную сторону изображения, которое мы только что видели на экране ТВ. Не вдаваясь в технические подробности, можно сказать просто: мы увидим свет и тень. И на самом деле, как за телевизионными, так и за всеми другими реалиями нашего мира действуют только две силы: эгоизм и альтруизм.

Человек рожден, чтобы с помощью этих двух сил привести весь мир к совершенному состоянию. Это открыли каббалисты, и тогда же они поняли, что обязаны передать свои знания в понятном виде человечеству. Но как это сделать? И каббалисты нашли способ. Они изложили свои переживания языком исторического повествования. Ярким примером этому служат пуримские события, изложенные каббалистами в документе «Мегилат Эстер».

Центральная точка творения, максимальный эгоизм, желание получать ради себя, отображается злодеем Аманом. Наполнение бесконечным наслаждением именно этой точки и есть цель творения. Поэтому любое наслаждение воспринимается точкой как должное. Этим объясняется ничем не обоснованная уверенность Амана в справедливости своего возвышения.

На самом же деле наполнение Амана возможно лишь в исправленном состоянии. Как заставить эгоизм изменить свою суть? Как подняться по ступеням лестницы духовного развития? Для выполнения высшего плана нужна особая исправляющая альтруистическая сила – Мордехай. В этом и заключается смысл победы Мордехая совместно с народом Израиля над Аманом и его сторонниками.

> *Аман дал нам только «карманы» – келим, желания, но не наполнение. Ведь только величина желания насладиться находится во власти Амана, и его-то мы и обязаны у него изъять.*
> *Но наполнить эти желания наслаждением невозможно с келим Амана, а только с помощью келим Мордехая, намерения отдавать.*[77]

Подъем на новую духовную ступень возможен лишь при отмене, скрытии ступени предыдущей. Поэтому царица Эстер *(от ивр. астара – скрытие)* и является сторонницей Мордехая…

Вопрос, можно ли было подать Пуримскую историю иначе? Зачем было описывать и предавать огласке подробности казни Амана, его десяти сыновей и

---

[77] Бааль Сулам. Шамати. Карманы Амана. Kitvei Baal Hasulam. ARI. Israel. 2009. P. 659.

уничтожение жителей Суз? Разве было не понятно, что эту информацию используют против еврейского народа.

Дело в том, что духовные состояния человека перед достижением состояния Гмар Тикун (окончательное исправление) ощущаются именно в таком виде и поэтому так и были записаны каббалистами. Множество драматических событий переживают герои «Мегилат Эстер». Интриги, предательство, любовь и ненависть можно найти в этой истории. Однако каббалисты желали передать людям нечто другое – если не ощущение, то хотя бы сопричастность с тем, что ждет человека, поднимающегося ввысь по духовной лестнице к самому совершенному состоянию.

Говорит Мегила: «Подавались напитки в разнообразных сосудах, и вина царского было вдоволь с царской щедростью» – как и было в замысле творения: насладить сотворенных со всей щедростью Творца.[78]

---

[78] Бааль Сулам. Шамати. Всякое действие оставляет след. Kitvei Baal Hasulam. ARI. Israel. 2009. P. 646.

ЖЕНЩИНЫ И КАББАЛА

Поскольку в повествовании появилась женщина, очевидно, пришло время поговорить на эту тему подробнее. Женская тема в каббале – тема особая. Как показывает практика, женщины гораздо чаще приходят в каббалу, чем мужчины. Зачастую за ними приходят их мужья. В этом смысле мой случай нетипичный. Вначале начал заниматься я, и лишь спустя несколько лет ко мне присоединилась моя жена.

Сказать, что процесс «перековки» Рахели в мою сторонницу был гладким, нельзя. Поскольку мои занятия были связаны с посещением Бней-Брака, а значит, и религиозной атрибутикой, которую РАБАШ называл обычаями, это вызвало у моей жены, как у большинства бывших советских людей, естественное отторжение.

Ее демарши приобретали разные формы, но дело не в этом. Просто те, кто знаком с Рахелью, а таких людей очень и очень немало, могут представить, с чем мне пришлось столкнуться. В ней очень естественным образом сочетаются привлекающая к себе внешняя мягкость с железной стойкостью.

Чтобы решить эту, по сути, мою главную проблему, пришлось провести большую разъяснительную работу. Попросту говоря, сидеть с ней и много часов беседовать. В результате произошло удивительное превращение. Рахель стала не только моим верным помощником во всех начинаниях, но и очень часто главной движущей силой.

Сегодня она одна из самых известных женщин мирового Бней-Баруха. На протяжении многих лет она руководила женскими дежурствами практически на всех конгрессах и других мероприятиях ББ в Израиле и иногда за рубежом. В отдельные моменты под ее началом единовременно находилось более 600 женщин и мужчин.

Еще в начале нашей конгрессной деятельности, в Ситрине, я так впечатлился от слаженной работы женщин, что меня даже «угораздило» высказать в публичном выступлении одну фразу, ставшей впоследствии крылатой: «Женщины – это нечеловеческая сила».

Да, чуть не забыл. Во время гиревого проекта, она, как верная соратница, также приняла в нем активное участие. И опять мы возвращаемся к теме: главное – желание. Она, которая с трудом сдавала зачёты по физкультуре в школе и институте, стала чемпионкой Израиля, потом мира, и даже установила мировой рекорд, естественно, в своей возрастной категории.

Почему я назвал главу «Женщины и каббала», когда речь шла только о моей жене? Перефразируя Остапа Бендера, скажу так: «Кто скажет, что моя жена не женщина, пусть первым бросит в меня камень».

МУЖЧИНА И ЖЕНЩИНА
(исторический обзор)

Ведь вдвоем (мужчина и женщина), вместе именуются человеком. Но каждый в отдельности, как половина тела, и не носят имя «человек».[79]

Любой мужчина должен иметь возможность жениться, а любая женщина – выйти замуж. Никто не должен быть обделен. Природа не покладая рук работает над гармонией, и человек не имеет права от нее отставать. Благополучие всего общества зависит от минимального человеческого сообщества – семьи.

Между тем люди сталкиваются с проблемой в построении связей с противоположным полом. Особенно в наше время. Даже тогда, когда очень хотят такие связи наладить. Коронавирусная пандемия лишь подчеркнула ту пандемию одиночества, которая охватила весь мир.

Бесконечно разросшийся эгоизм начинает пожирать сам себя. Поэтому мы не хотим брать на себя никаких лишних обязательств.[80]

Где выход из этой ситуации? Обратимся туда, где институт брака был одним из самых приоритетных. Речь идет о еврейском народе. О том, что общество должно быть как одна семья, еврейские предводители знали

---

[79] Zohar for All. Kabbalah Publishers. Israel. 2014, т.2. С. 77 (перев. автор).
[80] http://www.laitman.ru/crisis/125694.html

не понаслышке. Не на основе статистических данных и социологических исследований. Это основывалось на законах, открытых еще Авраамом. Поэтому в обществе делали все возможное и невозможное, чтобы у каждого человека была пара. Профессия свахи всегда считалась престижной и полезной для общества. Не случайно эта тема очень популярна в фольклоре.

> – Слушайте, – говорит сват, – у меня для вас потрясающая невеста! У нее только один маленький недостаток: одна нога короче другой.
> – Ну нет, – говорит жених, – это мне не годится.
> – Подождите, не торопитесь, дайте мне объяснить. Допустим, вы женились на жен-

щине со здоровыми, одинаковыми ногами. Ну и что? Представьте себе, вы идете с ней по улице, вдруг она падает и ломает себе ногу. Вы ходите с ней по врачам, тратите уйму денег, делаете ей операцию, а она все равно остается хромой. А так вы уже на всем готовом![81]

Брак так или иначе связан с рождением и благополучием детей. Тогда сразу же возникают вопросы. Что делать, если детей нет и не будет? А если дети уже выросли? А если детей изначально не хотят оба супруга?

Очевидно, причина брака не в детях, а в чем-то другом. Кстати, это доказывают и такие частые в последнее время бракоразводные процессы. О детях, если они есть, вспоминают лишь при назначении алиментов.

Так все-таки, зачем люди женятся?

Природа, как заботливая мама, желает дать нам такое окружение, которое, несмотря на наши состояния, сопровождало бы нас всю жизнь, окружая заботой и поддержкой.

Всеми проявлениями эгоизма, в том числе и любовью, управляет Природа. Любовь – самое сильное чувство, к которому стремится каждый человек. Мы хотим любить и быть любимыми. На примере любви между мужчиной и женщиной Природа показывает нам, какие взаимоотношения должны быть между всеми людьми.

Как ты прекрасна и как ты приятна среди наслаждений, любовь![82]

---

[81] http://sem40.ru/humor/anekdot.shtml?61

[82] Песнь песней. http://www.gardenhistory.ru/page.php?pageid=111

НАШ НОВЫЙ ДОМ

Наступил момент, когда мы выросли и из нашего дома в Петах-Тикве, как ребенок из старых штанишек. Продолжительные поиски подходящего здания с параллельным сбором пожертвований закончились покупкой большого четырехэтажного здания в районе высоких технологий в десяти минутах ходьбы от старого центра. После этого в конце 2013 г. начался сложный многоступенчатый процесс освоения нового дома.

Площадь старого центра в момент заселения составляла менее 800 кв. м. В течение времени мы взяли в наем еще несколько близлежащих помещений в том же здании, и общая площадь практически удвоилась.

Теперь шла речь о здании общей площадью около 5000 кв. м. Но дело даже не в этом. Нам нужно было не только освободить здание от оборудования и линий коммуникаций прежних хозяев, но и полностью перепланировать все помещения под наши нужды. Короче говоря, начался процесс перестройки.

В конечном итоге на первом этаже вместо типографии появился зал торжеств, рассчитанный на единовременный прием 1200 человек и «маленький» обеденный зал на 200 человек. Для того чтобы обеспечить питанием такое количество едоков, была построена соответствующая кухня. Ее оборудовали всем необходимым: холодильными и морозильными камерами, печами, вытяжкой, кондиционированием воздуха, защитными системами и многими другими прибамбасами. На этом же этаже разместили еще книжный и другие склады.

На втором этаже вместо помещений хайтека появился учебный зал на 400 человек, профессиональный постпродакшн, монтажные комнаты и множество рабочих комнат и кабинетов.

На третьем этаже – две телестудии со всеми сопутствующими службами плюс кабинки переводчиков. Кроме того, там размещены кабинеты и опенспейсы.

Для чего я так подробно рассказал о новом доме? Просто так будет проще понять тот объем работ, который в кратчайшие сроки был сделан всеизраильским ББ и ребятами из мирового ББ, которые специально для этого приезжали к нам.

Каждый вечер для уборки и легких вспомогательных работ собирались до 150 женщин. Массовые работы по перестройке здания мужчины делали во время утреннего урока. То есть с 3 до 6 утра. Днем, как правило, работали специалисты и нанятые нами строительные и другие подрядчики.

Энтузиазм ребят просто зашкаливал. Каждый хотел внести свою лепту в строительство, причем эту лепту хотелось вносить без перерыва. Это можно проиллюстрировать одним курьезным случаем.

Как-то наш инженер-строитель дал указание одной бригаде снести лишнюю гипсовую стену, а место зачистить. Ребята накинулись на стену как на злейшего врага и в течении считанных минут стены не стало.

Каково же было удивление инженера, когда, утром обходя объект, он вдруг обнаружил на месте снесенной стены новенькую возродившуюся из гипсового праха стенку. Выяснить, каким образом она там оказалось, не удалось.

На следующее утро к месту партизанской стены вновь привели наряд разрушителей. А дальше пошло по накатанной. Стену снесли, бригада ушла, а утром… Да, все правильно – стена выросла вновь.

Очень часто, глядя на нас при организации конгрессов или раздаче газет, независимые наблюдатели всегда отмечали слаженность действий и сравнивали увиденное с хорошим часовым механизмом. Нам же на примерах, показанных выше, было понятно, что то, что видят и ценят другие, иногда не совсем то, что ценим и видим мы…

РЕАЛЬНОСТЬ РЕАЛЬНОСТИ
(каббалистический обзор)

Как известно, вся информация, которую мы получаем, поступает к нам через пять органов чувств: зрение, слух, обоняние, вкус и осязание. Но мы постигаем не саму информацию, а то, как наши органы реагируют на нее. Вижу я что-то или пробую – неважно, в любом случае постижение, ощущение этой внешней информации происходит внутри меня.

> *Например, наш орган зрения позволяет нам видеть перед собой колоссально большой мир со всем его великолепием. А ведь в действительности мы видим не это, а только лишь то, что находится внутри нас самих. Другими словами, в затылочной части нашего мозга находится как бы фотоаппарат, рисующий там все, что мы видим, и ничего из того, что находится вне нас.*[83]

А вот дальше происходит невероятное. В тот момент, когда во мне накапливается информация о моих реакциях на внешние раздражители, происходит инверсия, и я начинаю представлять себе нечто, находящееся вне себя.

Эффект искажения восприятия мы не замечаем, и нам это абсолютно не мешает. Нас интересует не то, каким образом мы ощущаем. Нас волнуют сами ощущения! Мы находимся в постоянной гонке за ощущениями,

---
[83] Бааль Сулам. Вступление к книге Зоар. Kitvei Baal Hasulam. ARI. Israel. 2009. P. 112.

несущими нам наслаждения, и в бегстве от тех, которые несут нам страдания.

У нас нет времени остановиться, осознать и почувствовать, что все, происходящее с нами, на самом деле происходит внутри нас! Это, действительно, трудно представить. Но весь тот огромный мир, который нас окружает, включая родителей и детей, сослуживцев и соседей, заводы и магазины, страны и материки, и даже весь космос с черными дырами и белыми карликами, находится внутри нас.

Та картина мира, которая сегодня предстает перед нашими глазами, не внушает оптимизма: коронавирус, массовые психозы, коленопреклонения, войны, кризисы, проблемы экологии, наркомания, депрессия, терроризм, кризис личности и т.д. Однако это вовсе не потому, что так устроен мир. Просто таким мы его воспринимаем.

Мир – субъективное ощущение человека. Только после того, как появился человек, он ощущает, что мир был до него. Ощущает это в своих чувствах и разуме. «Было ли так?» – этот вопрос смысла не имеет, потому что не было человека. Значит, все, что находят сейчас ученые, возникает в наших ощущениях, как востребованная реальность. Одним словом, внешние силы реагируют на наши запросы, создавая всё новые «декорации».

> *Творец создал в нашем мозгу подобие полированного зеркала, переворачивающего все видимое нами, чтобы мы смогли увидеть это снаружи, вне нашего мозга, находящимся перед нами.*
>
> *Хотя то, что мы видим вне нас, не является реальностью, в любом случае мы должны*

быть благодарны управлению Творца за то, что в нашем мозгу существует эта линза, позволяющая нам увидеть и постичь все, находящееся вне нас. Так как тем самым Он дал нам силу изучить каждую вещь, получив знание и полную ясность, измерить каждый предмет изнутри и снаружи и тому подобное.
Если бы не это, у нас не было бы большинства знаний.[84]

Изучая каббалу, мы раскрываем всё мироздание в наших свойствах, в наших ощущениях. Раскрываем – только относительно себя – материю и ее форму.

Вся действительность человека – в сущности, одна большая игра, в которой мы пока лишь зрители, а не игроки.

---

[84] Бааль Сулам. Вступление к книге Зоар. Kitvei Baal Hasulam. ARI. Israel. 2009. P. 112.

ПРОЕКТ «БУРАТИНО»

Уже при переезде в новый центр мы начали заниматься новыми незнакомыми доселе проектами. Один из них можно назвать «Буратино». Какая связь между деревянным мальчиком и нами? Начну издалека.

Говорится – «делай все, что в твоих силах». Бааль Сулам пытался на протяжении многих лет объединить народ. Мы стараемся воплотить его мечту при любой возможности.

В 2015 г. Израиль накрыла волна террористических актов. Они отличались двумя особенностями. Среди террористов было много женщин, и очень часто нападавшие использовали холодное оружие. Редкий день октября проходил без очередного теракта.

Обстановка в стране накалилась. Люди стали опасаться ходить по улицам, родители боялись отправлять детей в детские сады. В этот момент мы решили показать наглядно, как объединение может остановить террор.

Была создана специальная организация «Товим» («Хорошие»), которая призвала всех желающих участвовать в патрулировании детских садов. Специально созданный информационный центр координировал действия добровольцев. Были организованны постоянные дежурства возле детских садов в Петах-Тикве, Беэр-Шеве, Тель-Авиве, Ашдоде, Ашкелоне и других городах. К патрулированию присоединилось много людей, не имеющих к нам никакого отношения.

Затем события приняли несколько неожиданный поворот.

Все началось с телевизионного репортажа компании MSNBS из Израиля. Корреспондент Эйман Мойхаэлдин вел репортаж в прямом эфире с места очередного теракта возле Шхемских ворот. Среди прочего он заявил о том, что нейтрализованный террорист не был вооружен. В то же самое время в транслируемой картинке было отчетливо видно, что нападавший держит в руках нож. Корреспондент в студии обратил внимание Мойхаэлдина на несоответствие его комментария и транслируемой на весь мир телевизионной картинки...

Все бы так и закончилось, если бы за дело не взялась организация «а-Товим» (הטובים). Ролик с эпизодом вранья в прямом эфире и с призывом к протестной акции против Эймана Мойхаэлдина начал распространяться в виртуальном пространстве. Были предложены следующие действия:

1. Написать на белом листе

Эффект акции превзошел все ожидания. К ней присоединились израильские сайты: nrg, Globes, nana, а главное, сотни тысяч простых пользователей Фэйсбука не только в Израиле, но и во всем мире.

Своего апогея протестная акция достигла в Нью-Йорке, возле окон студии компании NBC. Протестующие, дождавшись начала прямого эфира, подняли над головами плакаты с хештегом #FireTheLiar. Охрана и полиция попыталась вмешаться, но было уже поздно, весь мир увидел происходящее на телевизионных экранах.

Краткая хроника событий 20 ноября в Нью-Йорке:

5:00 – Протестующие собираются неподалеку от студии NBC.
5:45 – Проверяют готовность плакатов.
6:45 – Приближаются к окнам студии NBC.

7:00 – Начало прямой трансляции. Поднимают плакаты, которые видны всему миру.
7:05 – Охрана и полиция пытается их оттеснить, но уже поздно. На экранах телевизоров все видят, – #FireTheLiar.

В результате масштабной протестной акции компания была вынуждена отозвать своего корреспондента из Израиля. Дальнейшая его судьба неизвестна...

Корреспондент, уличенный во лжи, был изображен на рекламных плакатах в виде «Буратино». Как известно из сказки, деревянный мальчик с длинным носом очень любил приврать...

הטובים

מבית כלה לעם

שכשאנחנו מאוחדים

לאף אחד מפחדים!

НОЖ ДОЛЖЕН БЫТЬ НА КУХНЕ
(обзор прессы)

Последняя волна террора в корне отличается от всего предыдущего. Теперь главное оружие – это нож. Очевидно, эта тактика была выбрана не случайно. Возможно, еще и потому, что мы научились успешно справляться с ракетами. О том, что эффективней – ракета или нож – оставим за рамками статьи. Наш ответ на ножевой терроризм – стрельба на поражение и курсы по самообороне, открывшиеся по всей стране. Опять же, об эффективности этих мер говорить не будем.

Остается открытым вопрос: «Что, если за ножи возьмутся не десятки и сотни, а тысячи или десятки тысяч?» Во всяком случае, то, что нож может оказаться в руках женщин и детей, уже доказывать никому не надо. Что делать в такой ситуации? Танки и даже беспилотные самолеты в данной ситуации нам не помогут.

Некоторые предлагают вести переговоры. К чему ведут переговоры, мы тоже все знаем. Другие ратуют за жесткие меры. Что подразумевается под этими мерами, опять же не очень понятно.

И все-таки, почему с момента возникновения страны в 1948 году ничего не изменилось? Ни на метр и даже ни на миллиметр. От нас не хотят ни денег, ни территориальных уступок, ни хорошего отношения. Нас не хотят. Ни в каком виде.

Кстати говоря, наши соседи этого никогда не скрывали и не скрывают. Для них весь Израиль – это оккупированная территория. Отрывок из выступления г-на

Аббаса на недавней ассамблее Организации Объединенных Наций:

> «Г-н Председатель, дамы и господа, неужели вы не задавались вопросом: как долго будет продолжаться эта затяжная израильская оккупация нашей земли, происходящая последние 67 лет (то есть, со дня создания еврейского государства)?»

Отвлечемся на минуту от нашей темы и поговорим о ИГИЛе. Почему людей так привлекает эта самая террористическая и экстремистская организация всем времен? Почему каждый месяц к этой организации по данным американских спецслужб присоединяется не менее **1000 иностранных добровольцев**!? Вполне логично предположить, что в идеологии этой организации есть нечто притягательное.

Мы боимся слова «духовность», не понимаем, что значит единство, а вот ИГИЛ этих слов не боится и с успехом ими пользуется. Может быть, именно поэтому мы видим в ее рядах граждан **81 страны мира**!

Одна из главных задач организации – уничтожение Израиля. Мы думаем, что она орудует где-то в Сирии, а ведь она уже среди нас. Многие обозреватели говорят, что за «интифадой ножей» стоит именно ИГИЛ.

И все-таки, что может противопоставить Израиль? С точки зрения духовных ценностей и идеологии, Израиль мало чем отличается от стран Запада. А ведь именно от этих ценностей и бегут немцы, британцы и все остальные европейцы. С другой стороны, ни для кого не секрет, что как раз евреи и стоят у истоков мировых религий, многих политических течений и различного толка идеологий. Спрашивается, почему сейчас должно быть иначе? Если не Израиль, то кто? Кто, если не евреи, может дать миру новую идеологию?

Попробуем несколькими мазками обрисовать модель такой идеологии. Хотелось бы, чтобы она была понятной и, так сказать, человечней всех остальных. Например, она не должна содержать в своей основе преследования, изоляцию или уничтожение инакомыслящих.

Сразу могут возразить, что такого не бывает. Конечно, не бывает. Любая идеология, так или иначе, обслуживает какую-то часть населения. Та часть населения, которая способна крепче консолидироваться, в конечном итоге и диктует свою точку зрения.

А если сделать наоборот. Идеологией сделать само **единство**? Представьте, все разнообразные сектора и политические течения, из которых состоит любое общество, поставят во главе приоритетов своей деятельности – единство. Иными словами, все, что способствует солидарности всего общества, приветствуется и принимается, а что нет – отвергается.

Мне почему-то думается, начни мы этот эксперимент, наши соседи начнут использовать холодное оружие не на наших улицах, а там, где и положено – у себя на кухне.

КРУГЛЫЕ СТОЛЫ В ПЕТАХ-ТИКВЕ

«ВМЕСТЕ» В ПУТЬ

Бааль Сулам в 1933 г. выпустил три брошюры, в которых объяснял важность реализации идеи взаимного поручительства в среде еврейского народа. Как известно, тогда у него ничего не получилось. Как он сам сказал: «Поколение еще не достойно». Теперь, когда мы переехали в новый дом, чтобы продвигать в городе идею объединения и взаимного поручительства, группой наших ребят в 2013 г. было основана ассоциация «Бе-яхад» («Вместе»), которая приняла участие в муниципальных выборах.[85]

На протяжении четырех месяцев горожан знакомили с принципами взаимного поручительства, а также с тем, где и как можно их реализовать. Городу понравились эти идеи, и «Бе-яхад» получила 4 места в городском совете. Это был несомненный успех!

Казалось, цель достигнута. Но все пошло не так, как хотелось бы. Победу в конечном итоге одержал старый, проверенный годами эгоистический расчет. Конкурирующие фракции и движения объединились, и «Бе-яхад» оказалась не у дел в так называемой оппозиции.

Оглядываясь назад, особенно сейчас, когда «Корона» управляет планетой, бросается в глаза интересная тенденция. Мир, несмотря на всё его сопротивление, неуклонно движется к объединению. Вместе с тем сценарий развития событий каждый раз удивляет своей непредсказуемостью.

Выборы, которые были одновременно выиграны и проиграны, показали, что ценности взаимного

---

[85] https://www.laitman.ru/spreading-of-kabbalah/216764.html

поручительства и основанные на этом новые социальные связи реализовать далеко не просто.

Ближе к дате голосования местная рекламная газета напечатала разоблачительную статью с громким названием «Тайна движения «Бе-яхад». Главное обвинение статьи «кричало» прямо из подзаголовка: «Руководители списка «Бе яхад» в горсовет связаны с каббалистической организацией «Бней-Барух».

В ответ на «наезд» было написано большое письмо. Общий смысл ответа можно понять из этого отрывка:

> *«Неужели редакция газеты не знает историю и культурные традиции собственной страны? Обвинять израильтян в увлечении каббалой – то же самое, что обвинять их, например, в том, что они едят мацу во время Песаха. По одной простой причине: каббала, точно так же, как и праздник Песах, являются неотъемлемой частью культурного наследия еврейского народа. Спасибо, что не обвинили список «Вместе» в том, что в его ряды затесались жидомасоны и сионисты.*

Когда письмо было написано, возник вопрос – а стоит ли отвечать? Оппонентов интересовали голоса избирателей, а не объяснения. Как говорится – бизнес, ничего личного.

Что же касается набора газетных клише, таких как: паутина по всей стране, страждущие человеческие души, и т. п. – у выходцев из СССР они вызывали лишь иронические улыбки.

Кроме того, любой ответ, даже самый «бриллиантовый», мог быть воспринят как оправдание, а оправдываться было не в чем.

Трудно сказать, правильной была такая позиция или нет, но в итоге были получены те результаты, которые и ожидались.

Тема «противники каббалы», поднятая в этой главе, далеко не однозначная, и требует дальнейших пояснений.

ОРУЖИЕ ПРОТИВ ВИРУСА
(обзор прессы)

Весь мир воюет с коронавирусом, а в Израиле, как ни в чем ни бывало, занимаются межпартийными разборками. Нет, конечно, Израиль принимает все возможные меры, чтобы справиться с эпидемией, однако накал темы прошедших и возможных будущих выборов по-прежнему засоряет умы и экранное время.

В 1940 г., когда уже вовсю шла Вторая мировая война, в подмандатной Палестине вышел первый номер газета «Народ» («Ума»). Передовица газеты удивительным образом перекликается с сегодняшними реалиями:

> *И после всего этого каждый из нас и каждая наша партия восседает на своем партийном имуществе, охраняя его с избыточным педантизмом без каких бы то ни было уступок. Они ни под каким видом не смогут, а вернее, не захотят прийти к общественному единению, как того требует опасность, нависшая над всеми нами. И настолько мы погружены в безучастие, как будто ровным счетом ничего не случилось.*

Конечно, речь шла не о пандемии вируса, но разве дело в этом. Сейчас, когда страна практически парализована из-за ограничений, вызванных эпидемией, партийные разногласия продолжаются.

Вирус показывает нам не нашу готовность или неготовность борьбы с эпидемией. Нет, он показывает уровень национальной раздробленности.

На сегодняшний день единственное действенное средство против коронавируса – двухнедельный карантин. Некоторые даже этим бравируют: «Видите, разделение не всегда плохо». При этом они забывают, что эти две недели кто-то должен будет присматривать за их детьми, привозить им пищу, необходимые вещи или лекарства. Не говоря уже о том, что вынужденное одиночество в закрытой квартире даже здорового человека далеко не самое приятное времяпровождение.

В конечном итоге нас спасает не карантин, а помощь и участие других людей.

Еврейский народ первым произнес знаменитую фразу: «Возлюби ближнего, как себя», и этот же самый народ в тяжелейший момент своей истории и всего человечества показывает пример эгоистического равнодушия к происходящему.

То, что происходит у нас сегодня, видит весь мир. Мы делаем вид и ведем себя так, как будто мы как все. А между тем всем хорошо известно, что это не так. О евреях помнят всегда. Это было тогда, когда у евреев не было своей страны, это продолжается и сейчас, когда народ уже более 70-ти лет живет на своей земле. Антисемитизм, который совсем недавно победно шествовал по миру, отошел на второй план в СМИ только из-за разразившейся эпидемии.

Задача национального единства лежит не только на партийных функционерах. Объединение – это единственное, что нужно всем нам, чтобы решать проблемы любого уровня. К сожалению, история 40-х годов прошлого столетия повторяется:

Хотя опасность эта известна всем так же, как и нам, однако знание о ней, по-видимому, еще не сформировалось во всем обществе на всю глубину.
Ведь если бы люди ощущали ее, то давно должны были бы стряхнуть с себя налет партийности – в той мере, в какой он мешает сплочению наших рядов. А если подобного не произошло, то лишь потому, что ощущение это еще не стало достоянием многих.

רח׳ הרב"ש

הרב ברוך שלום הלוי אשלג

HaRABASH st.

ВНУТРЕННИЕ ВРАГИ

В глазах многих каббала несет на себе определенный налет тайны и мистики. От этого никуда не денешься. Вместе с тем сегодня каббалу не клеймят и даже используют с успехом в качестве привлечения к религии или же в меркантильных целях.

Основная часть обвинений теперь направлена не на каббалу, как раньше, а на людей, которые ее преподают или ею занимаются. «Обвинители» – о которых пойдет далее речь – это люди, которые когда-то занимались у нас, а также их родственники.

Почему происходит такая трансформация?

Главная причина в том, что каббалой заниматься не просто. Подчеркиваю – каббалой, а не тем, что находится вокруг нее или рядом с ней. Этот процесс требует больших нравственных и физических усилий, ведь фактически идет речь о смене естественной человеческой парадигмы – эгоистического отношения к миру – на альтруистическое.

Многие пытались и пытаются это сделать, но удавалось и удается это единицам. Неудивительно, что люди разочаровываются и некоторые из горячих сторонников становятся не менее горячими противниками.

Человек не склонен винить в неудаче себя, и это вполне естественно. Также можно понять тех, кто обвиняет в своих неудачах человека, у которого они учились. Однако тратить на эти обвинения все свои силы и даже жизнь если не глупо, то по крайней мере нерационально.

Объяснять эти свои действия альтруистическим желанием оградить других от «пагубного влияния» говорит лишь об одном. Человек врет. Себе или другим – без разницы.

Бааль Сулам – которого «противники», по крайней мере на словах, уважают, объясняет, что единственное творение, которое создал Творец – это желание получать. Поэтому любые действия, в том числе действия «противников», которые несмотря ни на что, тоже являются творениями, также направлены на получение.

Исходя из постулатов, о которых говорит Бааль Сулам, можно сказать с уверенностью следующее. Если человек тратит на какую-либо деятельность всего себя, значит стимул, который им движет, очень велик.

Это могут быть деньги или тщеславие и т.п., но еще раз повторюсь – не альтруизм.

Да, Бааль Сулам говорит, что существуют около 10% природных альтруистов. Вместе с тем известно, что таких людей каббала не интересует. Кроме того, эти альтруисты – тоже эгоисты, только с противоположным знаком.

Эгоисту плохо, когда ему чего-то не хватает. Природному альтруисту плохо, когда чего-то не хватает ближнему. То есть и тот, и другой действует потому, что плохо **ему, лично**.

Что на самом деле чувствует ближний, мы не знаем, и знать это невозможно в принципе.

Что касается конкретных людей – наших противников, со многими из них я знаком лично. Более того, с некоторыми я даже тесно работал в различных проектах. Поэтому заявляю с полной ответственностью – к природным альтруистам они отношения не имеют.

Если же они вдруг заявят, что они исправили свой природный эгоизм и теперь они альтруисты, тогда их претензии к учителю теряют всякий смысл, поскольку тот свою задачу выполнил.

На самом деле нет ничего нового под луной, в еврейском оригинале – «под солнцем». Тот набор обвинений, которые предъявляют нам, почти дословно повторяет те обвинения, которые в свое время предъявляли, например, АРИ. Кто хочет убедиться в этом лично, приглашается открыть книги небезызвестного историка Г. Греца.

Между тем, именем АРИ, как и именами каббалистов, пришедших после него, называют улицы, и ничто не указывает на то, что этот процесс когда-нибудь прервется...

ЭГОИЗМ – ДВИГАТЕЛЬ ПРОГРЕССА
(каббалистический обзор)

В основе человеческой природы находится эгоизм или, другими словами, – желание получать. Все наши желания и мысли устремлены в одном направлении – использовать мир себе на пользу. Эгоизм – хозяин, а разум – лишь его верный помощник.

> *И все отличие одной сути от другой, которое мы только можем выявить, – не что иное, как отличие в их желаниях получать, которые порождают в каждой сути ее потребности, которые, в свою очередь, порождают мысли и знания в таком размере, который необходим для удовлетворения этих потребностей, обязанных своим возникновением желанию получать.*
> *И насколько различаются у людей желания получать, настолько различаются их мысли и знания.*[86]

Поскольку эгоизм находится в основе всего создания, отменить и/или заменить его на что-то другое не в силах человека. Существуют разные уровни эгоизма, и этим создания отличаются одно от другого. Можно сказать и по-другому. Различие уровней и форм эгоизма создают такое многообразие творений.

---

[86] Бааль Сулам. Предисловие к книге Зоар. Kitvei Baal Hasulam. ARI. Israel. 2009. P. 437.

Желание является сутью творения, от начала и до конца, единственным «материалом», из которого оно состоит. Все многочисленные разновидности творения – это лишь разные «порции» желания получать, а все события, происходящие с ними, – это изменения, происходящие с этим желанием.[87]

Эти уровни очень четко определены и регулируются природой. Человек не имеет доступа к желаниям объектов, поэтому до сих пор не может разобраться с понятием «жизнь».

Различие между живым и косным веществом планеты лежит очень глубоко, что никогда живое вещество в миллиарды лет не образуется из косного, что нигде мы не видим ни следа абиогенеза, т. е. образования живого вещества непосредственно из косного. Оно обладает способностью, чрезвычайно сильно выраженной, размножаться, связано с косным только дыханием и питанием – биогенной миграцией атомов, выявляется поколениями. Можно думать, во всяком случае, можно принимать за научную гипотезу, что различие между ними лежит глубже геометрического отличия, в особом состоянии пространства-времени, нигде на нашей планете, кроме биосферы, не встречаемого.[88]

---

[87] Бааль Сулам. Введение в науку каббала. Kitvei Baal Hasulam. ARI. Israel. 2009. P. 161.

[88] Вернадский В. И. Химическое строение биосферы Земли и ее окружения. М.: Наука, 1987, с. 53.

Что такое на самом деле эгоизм, как он устроен, законы его развития, как управлять эгоизмом – обо всем этом современная наука имеет лишь отдаленное представление. А ведь эго – первичный материал творения. Авраам 3800 лет тому назад исследовал именно этот первичный материал. Это исследование продолжили его ученики-каббалисты.

Методика, которая родилась в результате этих исследований, прошла в свое время проверку практикой. Сегодня весь мир нуждается в ее реализации. Ждать больше нельзя.

רח' הרב"ש 12

הרב ברוך שלום הלוי אשלג

12 HaRabash st.

בני ברוך ✡ קבלה לעם

Bnei Baruch – Kabbalah Laam Association

תנועת **הערבות** לאיחוד העם

А-РАБАШ №12

Можно сказать без преувеличения, что 16 августа 2019 г. наступило начало новой эпохи. В этот день улица, на которой расположен наш новый каббалистический дом, была переименована в честь РАБАШа. В церемонии открытия участвовало более 1000 человек. Ткань с таблички с новым названием улицы сняли совместно Михаэль Лайтман и мэр города Петах-Тиква – Рами Гринберг. Очень символично, что эта табличка находится на стене нашего дома.

Стоит напомнить, что к улице имени Бааль Сулама добавилась улица, названная в честь его сына и последователя. Вместе с тем дело не в названиях, а в том, что каббала и каббалисты медленно, но уверенно начинают занимать то место в общественном сознании общества, которое они по праву заслуживают.

И РАБАШ, и Бааль Сулам всеми силами пытались распространить идеи объединения прежде всего в среде еврейского народа.

> *На нас возложено быть хорошим примером для мира, поскольку мы пригодны для этого более, нежели другие народы; и не потому, что мы идеалистичнее их, а потому, что мы страдали от деспотии более их всех. Поэтому мы в большей, чем они, степени готовы просить средства для истребления деспотии с лица земли.*[89]

---

[89] Бааль Сулам. Последнее поколение. Kitvei Baal Hasulam. ARI. Israel. 2009. P. 824-825.

То же самое пытаемся делать и мы, как на глобальном уровне, так и в частных, конкретных случаях.

Например, проект под названием «Арвут», который мы запустили после израильских протестов 2011 г. Он развивался на протяжении нескольких лет и постепенно распространился по всему Израилю. Мы выпускали газеты, брошюры и др. печатные материалы.

Где мы только ни проводили круглые столы. На улицах и площадях, на набережных и в парках. В Кнессете, на заводах и фабриках, общественных центрах, и даже в исправительных учреждениях. Все это происходило не только на иврите, но и на русском и др. языках.

Начали открываться клубы, проводиться специальные кружки, выпускаться книги, видеопродукты. Кроме того, этот проект, конечно, в соответствии с местными реалиями, кочевал также и по другим странам.

Эта деятельность достигла своего пика где-то в 2014 г. Потом приоритеты поменялись и накал понизился.

Я уже говорил, что наша деятельность во многом зависит от того, что, где и как происходит в мире. Мир меняется по своим законам, и мы должны постоянно следить за тенденциями и в соответствии с этим реагировать.

Многих людей и даже некоторых наших учеников удивляют такие, якобы бессистемные, скачки. Все гораздо проще и одновременно сложнее. Если мир, например, начинает погружаться в трясину всеобщего антисемитизма, мы должны заниматься этой темой, а не продолжать упорно говорить о том, о чем люди в данный момент не готовы слышать.

Тема антисемитизма всплыла у нас в середине 2012 г. Учитель совместно с одним учеником открыл серию передач, посвященных этой тематике. Когда было проведено энное количество встреч, этот ученик получил задание написать книгу, основанную на этих материалах. Он взвесил все за и против и... попросил помощь. Выяснилось, что он, как человек, родившийся и выросший в Израиле, знал об антисемитизме только из СМИ, а также из того, что изучал в школе. Чтобы писать книгу, надо понимать тему на уровне ощущений, а как раз этого ему и не хватало.

Было собранно экстренное совещание, на которое позвали всех, кто имел отношение к созданию контента, а также тех, кто хорошо разбирался в этой теме. После довольно продолжительного обсуждения, в качестве автора новой книги вызвался упомянутый раньше представитель английского отдела.

Когда мы уже расходились, Учитель неожиданно обратился ко мне и моему товарищу, стоявшему рядом, с просьбой помочь будущему автору в написании книги.

Мысли об этой просьбе не выходили у меня из головы. На следующее утро сразу после урока я вдруг понял, как и чем я могу помочь. Не останавливаясь, я написал предисловие и план для новой книги – всего семь страниц А4. Текст я отправил по мейлу Учителю и пошел спать.

АНТИСЕМИТИЗМ КАК ЗАКОН ПРИРОДЫ

КНИГА ДЛЯ ЕВРЕЕВ И НЕ

М. Бруштейн

На основе лекций профессора онтологии М. Лайтмана

АНТИСЕМИТИЗМ ДЛЯ ИЗРАИЛЬТЯН
(обзор прессы)

Объяснить, что такое антисемитизм, – человеку, который это не почувствовал, что называется «на собственной шкуре», – очень трудно, если вообще возможно. Поэтому для уроженцев Израиля, сабр, – эта тема практически недоступна. Рассказы о Холокосте, памятные даты, посещение музея Яд Вашем и даже экскурсии в концлагеря вызывают сочувствие, но все-таки не сопричастность.

Отсюда краткое резюме. Рассказы об антисемитизме – неравноценная замена личному опыту и не вызывающему разночтений обращению: «жидовская морда». По этой причине, несмотря на свое обилие, сообщения СМИ об антисемитских инцидентах в Европе и США погоду в миропонимании коренных израильтян не делают.

Однако с недавних пор ситуация начала меняться в «лучшую» сторону. Процесс вовлеченности, а значит и осознания антисемитизма, начался. Один мой знакомый сабра (уроженец Израиля), назовем его Илан, зная мой интерес к этой теме, на днях связался со мной и с жаром рассказал о своем «открытии антисемитизма».

События, о которых пойдет речь, происходили между 7.07.19 и 19.07.19. в Англии. Илан, в составе съемочной группы побывал в мировом академическом флагмане – Оксфордском университете. В стенах St. John's College, одного из учебных центров университета, проходила междисциплинарная международная конференция. Форум был посвящен исследованиям в области современного антисемитизма.

Киногруппа занималась съемками интервью с учеными, приехавшими большей частью из Великобритании, Франции и Северной Америки. Поскольку должность Илана – звукооператор, он не только видел, но и слышал, о чем рассказывали приехавшие на форум профессора. А рассказывали они массу поразительных вещей. То, о чем гремят СМИ, он узнал, что называется, из первых рук.

По словам профессоров, градус антисемитизма в университетских кампусах просто зашкаливает. Дело даже не в конкретных случаях. Речь идет об общей царящей там атмосфере.

Несколько эпизодов произвели на Илана особое впечатление. Одна женщина-профессор во время рассказа об антиизраильских и антиеврейских инцидентах в ее родном кампусе разволновалась до такой степени, что даже заплакала...

Другой запомнившийся момент связан с пожилым ученым. Свой рассказ о том, как международная организация «Братья – мусульмане» с помощью финансовых вливаний фактически захватила его университет, он закончил горьким признанием. По его мнению, точка невозврата пройдена, а он лично живет лишь в ожидании того дня, когда сможет тихо уйти на пенсию...

Однако больше всего Илана поразило нечто другое. Во время этих бесед регулярно возникал один и тот же вопрос: «Что можно противопоставить сегодняшнему антисемитизму?» Вопрос далеко не праздный и к тому же обращенный к людям, которые являются специалистами в этой области.

Абсолютное большинство сошлось на том, что нужны эффективные образовательные программы, параллельно с особыми межправительственными мерами юридического характера.

Несколько человек резко выделялись из академического хора. По их словам, просматривается взаимосвязь между теми общественно-центробежными тенденциями, которые в последние годы происходят в Израиле, и тем резким ростом антисемитизма, который наблюдается в мире. Они провели параллели между последними событиями в Израиле, связанными с религиозными и эфиопскими демонстрациями, с теми волнами антиизраильских и антиеврейских протестов, которые прошли по миру. Особо было отмечено, что в этот раз на Израиль, кроме обычных ярлыков, навесили еще и ярлык расистского государства.

И еще одно необычное наблюдение. По мнению этих ученых, мировое сообщество в большей степени интересует не израильско-палестинский конфликт, а то, чем и как живет израильское общество…

Идя от обратного, специалисты предположили, что налаживание позитивной общественной атмосферы в Израиле может, в свою очередь, положительно повлиять на отношение как к Израилю, так и к евреям в целом. Илан сказал, что кто-то из них даже произнес фразу: «Возлюби ближнего, как самого себя» …

Выслушав рассказ Илана, я подумал, что к данной истории как ничего лучше подходит выражение: «новое – это хорошо забытое старое». Сегодня зарубежные профессора приходят к тем же выводам, к которым тысячелетия назад пришли еврейские пророки. Да что пророки, еврейские мыслители последних поколений говорят, в общем-то, о том же:

Мы, евреи, есть и должны оставаться носителями и стражами духовных ценностей.

Но мы также должны осознавать, что эти духовные ценности есть и всегда будут целью всего человечества.[90]

Проблема заключается не в том, кто об этом говорит. Евреи, как раньше, так и сегодня, никак не могут согласиться с тем, что особое отношение к ним – это не каприз истории, а гораздо более глубокое явление, от которого просто так отмахнуться не удастся.

Под «еврейством» следует понимать лишь духовную ориентацию, особую психическую структуру, представленную как возможную для всех людей, которая в историческом еврействе просто обрела свое самое грандиозное воплощение. И правильность такой точки зрения подтверждается ничем иным, как антисемитизмом.[91]

---

[90] А. Эйнштейн. О сионизме. Речи, письма, статьи. Библиотека-Алия. Иерусалим. 1991 г. С. 35.

[91] Отто Вейнингер. Евреи в современном мире. Антология документов. «Гешарим». Иерусалим. 1995, том 1. С. 511.

КАК ПОБОРОТЬ АНТИСЕМИТИЗМ

Утром по зданию нашего центра поползли слухи, что Учитель получил некий текст, и его автор будет писать книгу об антисемитизме.

Открыв электронную почту, я увидел ответ Учителя на мое письмо, заключавшийся в одной фразе: «Кто написал этот текст?»

В тот же день я получил официальное задание писать эту книгу, а также материалы, которые собрал сам Учитель.

Среди посланных материалов был также план предполагаемой книги, который удивительным образом был очень похож на тот план, который я ему послал. Где-то через год книга была написана и опубликована.

В последствии оказалось, что это было лишь начало длительного процесса разработки темы антисемитизма, который с переменным успехом продолжается и сегодня. Через несколько лет, а точнее в 2018 г., ученик-инициатор памятного собрания все-таки написал книгу на заданную тему. «Англичанин» тоже не остался в долгу и в 2020 г. выдал на-гора книгу, связанную с антисемитизмом.

За эти годы было проведено много тематических встреч на разных уровнях во многих странах. Проведены десятки телемостов со специалистами по антисемитизму и даже с антисемитами. Написаны сотни статей на разных языках. Их публиковали в таких уважаемых изданиях, как The New York Times и Ynet в Израиле. Наши брошюры и книги были разосланы сотням людей,

включая членов Кнессета. Сняты множество клипов и несколько фильмов.

Мне в качестве продюсера довелось участвовать в создании фильма «Социальная сеть эпохи третьего рейха». Снимать фильм дело не простое, но интересное. Десятки человек из израильского и мирового ББ работали над этим фильмом.

Материалы мы собирали в архивах Израиля, Америки, Германии и других стран. Съемки велись в музеях Израиля и Германии. Фильм взял несколько призов на международных кинофестивалях.

Нужно сказать, что вся эта многолетняя работа направлена не на борьбу с антисемитами, поскольку это путь в никуда. Антисемитизм – это природный процесс, цель которого подтолкнуть еврейский народ прежде всего осознать свою роль. Кто мы, зачем и почему. На эти вопросы отвечает лишь одна область знания, которая называется каббала. Только поняв свою роль и начав действовать, можно не только устранить антисемитизм, но и способствовать лучшему будущему для всего человечества.

Антисемитизм испокон века был самым дешевым средством для оболванивания народа. Тирания, основанная на подобной лжи и правящая при помощи террора, должна неминуемо кануть в небытие. Такой строй станет собственным могильщиком, потому что в противовес злу усилятся те моральные качества человека, которые ведут к освобождению и очищению жизни общества. Пусть наш народ своими страданиями и своим трудом внесет вклад в высвобождение из-под спуда лучших свойств человека.[92]

---

[92] А. Эйнштейн. О сионизме. Речи, письма, статьи. Библиотека Алия. Иерусалим. 1991 г. С. 35.

ראש הממשלה
PRIME MINISTER

ירושלים, י"ד תמוז תשע"ח
19 יוני 2018

לכבוד
ד"ר מיכאל לייטמן

ד"ר מיכאל היקר,

אני מודה לך על שהעברת לידיי את ספרך לבני שיעוריך איננו, שעשוי ניטשה, האנטישמיות בראי היהדות הקבלה.

נתייחד ל איננו, גלני וניצריה התחז באחד רבירבי לאוטב הערכום הפישרטים שעבר וינטב איננו, התחצפדה עד מעודי הבורדים עוטמו הבסעם. עני לסגנים ציטי מתחיזדינו שטאן מצטי דווני חווני חדי. אני גורנת הדץ בנסגרים וברך מודיך די אחד להקרות הקטצפרת איתקא רבי בסונטיניבט פריט בהיראחה ים דיתיחם שונית סבב עטי.

האנטישמיות המסחרתית על עלבל דינמיי והטילופט בימנו לחווני – וזולים את עלבות הדה נוגע דחיים וההצוטה של חורת רגני שהביוה ישראל. נגזם שיחולוב, כאוות דצלוחת, בנטוב את שנטאי ישנטום נעם איטש יוטוגלי והיחיה אחוייה האחוייר האטראחו הו ונו וענגני שיחזי היחיי בטיעת, אל דם טוע דמונה הסיוזיות של ישראל כאובנ כאודענ דאוטות שלוחיא נואט היחיים לא בבנות ומניטיק בן העצים.

אינם סדבוים את ראוני סגר האוטי סישנ ישאים' יודישיה. אלו אקעיט אציקייע עמציסים צוני, יבאמצאייני מאצציים בהבצטת דיאני. כד בסד אני טווינוט לבצר את קחוט ילבבות את ספרוינובי אני שיחני וליטבן עני הוד שמעה הבגדך ועל סה ישראל הסמחי תיבסו להבחבץ הלונה בייצטה טמנחי בנדלרי לכל עמי תבנ.

אני סרבה סעננט הנצני בניעה יהדיחית שבוטן הרבינ נם ספרי הרשי שנחבדחט דבה ארגננבים אחמייי. טדירה רבכת מבצימת את הישנטי בינחוני בויזיא. וי מבנחה הרעשת את שירחוף דטויעלה אוינו, היווטי הנייצ וההטבנייזיה שכעו שיצבעים עם ציינו ישן ניוזני בעי אהם בכד רחבעית. נו ריטן והישנובי אלי שטולי דרך לסעלית והאני אטני מעבעה.

שא ברכתי הגלהה לעשיחד האחוייה.

בברכה,
בנימין נתניהו

РЕАКЦИИ НА НАШИ МАТЕРИАЛЫ
(краткий обзор)

Письмо премьер-министра Израиля Биньямина Нетаниягу

Дорогой д-р Лайтман!

Я благодарю Вас за присланную книгу «Почему нас ненавидят?», освещающую проблему антисемитизма с точки зрения каббалы.

Проявление ненависти к евреям возникло на заре становления нашего народа. Присущие нам моральные ценности и приверженность нашей особенности, выделяющие нас из среды других народов, всегда кололи глаза нашим противникам. Ненависть Эсава к Якову предварила указы фараона в Египте, от которых протянулась прямая линия к плану уничтожения евреев, задуманному Аманом в Персидской империи под предлогом того, что «законы их не такие, как у всех народов».

Традиционный антисемитизм с его искажением иудаизма привел к кровопролитию в средние века и оказал влияние на расовую теорию, приведшую к Катастрофе. Нахум Соколов, один из отцов сионизма, назвал это «вечной ненавистью к вечному народу». Соколов и многие другие верили, что ненависть к евреям закончится, когда мы создадим независимое государство, но они ошибались. Искаженное представление об Израиле, как о враге человечества, говорит о том, что антисемитизм так легко не исчезнет.

Мы не склоняем голову ни перед старыми, ни перед новыми антисемитами. Мы боремся с распространяемой о нас ложью и не жалеем усилий в распространении правды. Одновременно мы укрепляем наши силы и строим страну. Я согласен с главным выводом Вашей книги, что маленький Израиль должен продолжать выполнять свою моральную миссию – быть светочем всем народам мира.

Позволю себе дружески заметить, что было бы хорошо, если бы Вы написали продолжение этой книги и назвали ее «Почему нас любят?». Многие страны ценят наши материальные и духовные достижения и просят расширить сотрудничество с нами. Наши научные и технологические инновации улучшают жизнь миллионам людей на всех континентах. Пусть же эти достижения проложат путь к избавлению человечества от нужды.

Я желаю Вам успехов в Вашей продуктивной работе.

С наилучшими пожеланиями,
Биньямин Нетаниягу

Фильм «Социальная сеть эпохи Третьего рейха» – лауреат кинофестиваля

В начале лета, 3-7 июня 2018 года, в Израиле в г. Афула прошел ежегодный международный кинофестиваль Near Nazareth Festival (NNF).

Кинематографисты из 70 стран представили здесь более 200 работ. В категории «Документальные фильмы» приняли участие 47 картин из 24 стран. Израильский фильм «Социальная сеть эпохи Третьего рейха», а также австралийский фильм «Murder on the Reef», взяли главный приз в этой номинации.

Сюжет фильма «Социальная сеть эпохи Третьего рейха» построен на печально известной истории, названной «Плавание обреченных».

Нацистская Германия, Гамбург, май 1939 года. В поисках спасения 937 еврейских беженцев поднялись на борт океанского лайнера «Сент-Луис», который взял курс на Кубу. Казалось, спасение близко, но кубинские власти, а впоследствии и власти США, не позволили отчаявшимся людям сойти на берег – и корабль был вынужден вернуться в Европу...

Идея – еврейский народ, как раньше, так и сегодня, находится в опасности. Каббала предлагает свое объяснение и решение этой проблеме.

Факты говорят о следующем: задолго до прихода Гитлера к власти, каббалисты предупреждали о возможной Катастрофе и пытались всеми силами ее предотвратить. Однако этот план спасения никто не поддержал...

В фильме много уникальной кинохроники, а также других материалов из многочисленных архивов.

Многие факты, приведенные в фильме, поражают. Например, рассказывается о роли создателей известной фирмы IBM в Катастрофе европейского еврейства.

Идея фильма принадлежит каббалисту Михаэлю Лайтману.

Режиссер: Михаил Розенштейн. В ролях: Александр (Исраэль) Демидов, Генри Давид, Игаль Резник...

КНИГИ

Тема книг – особая тема.

Когда-то в 70-е годы Учитель написал свои первые книги, и благодаря им многие из русскоязычных людей начали заниматься каббалой. Позже ученики начали составлять книги из отредактированных текстов стенограмм выступлений и уроков Учителя. В дальнейшем тексты не только редактировались, но и начали проходить определенную обработку.

Наконец наступил момент, когда книги разных жанров начали писать от начала и до конца ученики.

В книжных проектах, как правило, участвовало несколько человек и даже были отдельные проекты, в которых принимали участие более ста человек. Например, в «сказочном проекте».

Он начался тогда, когда на нашем 66 ТВ канале решили открыть программу для детей «Час сказки», о которой я уже упоминал ранее. Каждый выход в эфир сопровождался новым рассказом для детей. Поэтому мы были вынуждены организовать настоящее конвейерные производство необходимого контента.

Все желающие, а это люди со всего мирового ББ, писали сказки, естественно, с нашим посылом. Другие выполняли роль рецензентов. По пятибалльной системе они оценивали определенные параметры произведений, а также писали рецензии и рекомендации. Сказки, которые прошли через отборочное сито, поступали на редактуру, корректуру, а также иллюстрировались нашими художниками. Вначале в проекте было до 200 человек, в конечном итоге эта цифра снизилась вдвое.

Часть сказок потом попадала на голубой экран, а остальные публиковались в открытом доступе на нашем сайте. Где-то через год мы неожиданно получили любопытное письмо. Нам написали из одной российской компании, которая занималась созданием аппликаций для айфонов. Оказалось, что они запустили пилотный проект с нашими сказками и получили большое количество замечательных отзывов. Этот контакт в дальнейшем привел к взаимному сотрудничеству и выпуску аппликации для айфонов и айподов с нашими сказками на русском и английском языках. В интернет-магазине App Stor под заголовком «Умные сказки» можно прочитать следующий текст:

Боле 100 умных и добрых сказок с красивыми иллюстрациями и музыкальным оформлением, которые можно читать всей семьей.

Все люди, маленькие и большие, любят сказки. Сказки бывают разные – для детей и для взрослых, страшные и смешные, бывают про зверей, а бывают про разбойников. Сказки, которые мы предлагаем вам – добрые, умные и совсем не скучные. У нас есть сказки для самых маленьких, которые верят в чудеса и любят, чтобы им почитали на ночь. От этих сказок не приснятся страшные сны. Есть сказки и для детей постарше. Там добрые волшебники и высокие технологии на равных учат ребенка добру и любви.

Авторы приложения – люди разных национальностей, возрастов и профессий. Мы все живем в разных странах: России, Израиле, Голландии, Колумбии, Соединенных Штатах, Германии, Литве, Украине и. др. Но всех нас объединяет одна идея – помочь родителям наладить диалог с детьми. Сказки – это способ эту идею осуществить. Мы считаем, что таким образом можно передать то, что всегда трудно объяснить: что движет человеком, к чему он стремится, как устроены окружающий мир и общество.

К этому можно добавить, что было издано много книжек с нашими сказками на разных языках, записаны аудиодиски и даже выпущено несколько мультфильмов.

ШИМОН БАР ЙОХАЙ И КНИГА ЗОАР
(каббалистический обзор)

Во II веке нашей эры был создан первый фундаментальный каббалистический труд по каббале – книга Зоар. Это произошло на севере Израиля, в пещере Идра Раба, недалеко от горы Мирон. Создателями этого произведения были десять каббалистов во главе с рабби Шимоном бар Йохаем. Книгу Зоар иногда называют просто – Книга.

> *До Зоар РАШБИ не найдено ни одной книги с систематизированным изложением каббалы. Все предшествующие книги по каббале не могут называться разъяснениями науки и являются лишь простыми намеками. К тому же в них не соблюдают порядок причины и следствия, а потому таково и понимание сказанного в них.*[93]

Кроме самого рабби Шимона и его сына рабби Элиэзера, в группу составителей Зоара вошли рабби Йоси, рабби Хизкия, рабби Йоси сын Якова, рабби Йегуда, рабби Аба, рабби Ицхак, рабби Хия и рабби Иса.

Как известно, каббала была долгое время скрыта от любопытного взгляда. В чем причина, а может быть, причины этого скрытия?

---

[93] Бааль Сулам. Раскрытие малого и скрытие вдвое большего. Kitvei Baal Hasulam. ARI. Israel. 2009. P. 10.

Он (рабби Шимон) страшился, как бы не дошла эта тайна до тех, кто занимается идолопоклонством, ибо тогда станут поклоняться идолам.[94]

По этой причине еще при написании Зоар были приняты особые меры предосторожности. Текст книги записывал ученик РАШБИ – рабби Аба. Он делал это таким образом, чтобы ее не могли понять непосвященные. После этого книга была спрятана. До нас дошла только небольшая часть оригинального текста. Существует предание, что «книга эта была столь велика в своем объеме, что, собрав ее вместе, можно было целиком нагрузить верблюда».

Написанный на арамейском языке, герметично закрытый, абсолютно не постигаемый для непосвященных текст Зоара, где соседствуют ангелы, животные, «случайные» персонажи и даже сами авторы книги, – это и есть то скрытие, которое сделал рабби Аба.

Раскрытие книги Зоар произошло в XIII веке в Испании. Книга получила известность благодаря каббалисту, р. Моше бен Шем Тову де Леону.

С того времени и по сегодняшний день не утихают споры по поводу авторства этого эпохального творения. Среди множества версий, отрицающих авторство Шимона бар Йохая и приписывающих его разным каббалистам средневековья, главенствует мнение о принадлежности книги самому Моше де Леону.

В XX веке версию авторства Моше де Леона поддержали и развили в своих работах философ, историк религии и мистики, Гершом Шолем (1897-1982) и его ученик, Исая Тишби (1908-1992). Однако тогда

---

[94] Бааль Сулам. Служанка, наследующая своей госпоже. Kitvei Baal Hasulam. ARI. Israel. 2009. P. 455.

же несостоятельность исследований этих авторов подробно показал в своей работе[95] авторитетный знаток еврейских источников, дважды получивший почетную награду «Приз рава Кука» в области древнееврейской литературы, р. Менахем Кашер (1895-1983).

> *Шолем и Тишби ошибались в самих основах, на которых возвели свои воззрения.*

Относительно авторства Моше де Леона р. Кашер отмечает:

> *Следовательно, он не только не сочинил Зоар, но даже не помнил, что в книге Зоар написано.*

В таком же ключе писал и Бааль Сулам.

> *Каббалист, рав Моше де Леон, был последним, пользовавшимся этим языком, и с его помощью это раскрылось миру, но он не понял ни единого слова в этом языке. По тем книгам, в которых он приводит выдержки из Зоар, понятно, что совсем не понимает языка.*
> *Он комментировал, используя язык ТАНАХа, и очень затруднил понимание, хотя сам был каббалистом очень высокого уровня, как свидетельствует написанное им.*
> *И так продолжалось в течение поколений, когда все каббалисты посвящали все свои дни постижению языка Зоар, но не преу-*

---

[95] הרב מנחם מ. כשר. הזהר. סיני, ספר היובל. מוסד הרב קוק, ירושלים תשי״ח (1957). https://www.otzar.org/wotzar/book.aspx?156282

*спели в этом, поскольку сильно нагрузили его языком ТАНАХа, и из-за этого **книга эта была закрыта для них, как и для самого рава Моше де Леона.***[96]

Академические исследователи XXI века уже не так категоричны в своих суждениях, как их предшественники, относительно авторства и времени происхождения книги Зоар.

Профессор философии из Тель-Авивского университета, д-р Ронит Мероз утверждает, что у книги Зоар были десятки, если не сотни авторов, которые в течение веков вносили свои правки. По ее оценке, некоторые тексты книги Зоар относятся к XI веку и ведут свое происхождение из земли Израиля...[97]

Задолго до этого каббалист Бааль Сулам – автор 21-томного труда, включающего в себя комментарий к книге Зоар и перевод всего текста с арамейского языка на иврит, – написал следующее:

Однако не было запрещено дополнять книгу Зоар, поскольку ей суждено было находиться в скрытии. Народу она была абсолютно не доступна, а только предводителям поколений за закрытыми дверьми... И каждый из предводителей поколений дополнял ее тем, чем считал нужным.[98]

---

[96] Бааль Сулам. Наука каббала и ее суть. Kitvei Baal Hasulam. ARI. Israel. 2009. P. 26.

[97] https://www.youtube.com/watch?v=GTKQN_3UFj0

[98] Бааль Сулам. История науки каббала. Kitvei Baal Hasulam. ARI. Israel. 2009. P. 84.

КНИГИ И НЕ ТОЛЬКО

Книга Зоар, как важнейшая книга каббалы, стала основой для многих книжных проектов в ББ.

В 2011 году Учитель начал проект под названием «Зоар ле-ам» («Зоар народу»). На протяжение нескольких лет он работал над текстом Книги Зоар и приводил в порядок вспомогательные инструменты (ссылки и примечания), создающие помехи неподготовленному человеку читать непосредственно сам текст.

Исключительность этого проекта можно проиллюстрировать некоторыми техническими деталями. Для книги был в буквальном смысле создан новый шрифт! Поиск подходящей бумаги для печати занял около двух месяцев, а сама печать книги происходила в Иерусалиме в 2014 г. под контролем целой команды.

С точки зрения качества, я думаю, что это лучший многотомник среди всех книг, которые мы когда-либо издавали. Кстати говоря, в 2020 году вышел 13-й том этой серии: «Тикуней Зоар».

Не забыты и русскоязычные читатели. Каждый год выходит очередной том Книги Зоар на русском языке. На сегодняшний момент переведено больше половины текста. Продолжается также перевод Книги Зоар на английский и другие языки.

Если мы говорим о Книге Зоар, нужно упомянуть художественный фильм «Секрет Зоар», который снимался в ББ. Фильм не снискал фестивальных лавров, но зато в нем принимали участие, а главное, снимался в массовке почти весь ББ Израиль и очень много людей из мирового ББ.

Отдельно нужно сказать о серии книг, которые написал М. С. Лайтман совместно с такими учеными и философами, как: В. И. Аршинов, Я. И. Свирский, В. М. Розин, Э. Ласло, В. М. Хачатурян.

Издано также много книг по интегральному воспитанию и даже художественная литература. Например: «Каббалист», «Братьев своих ищи...» и др.

Много лет мы участвовали в ежегодной всеизраильской ярмарке «День книги». В рамках этого события, которое длилось целую неделю в большинстве крупных городов, книжные издательства Израиля устраивали крупные распродажи. Мы были постоянными участниками этого мероприятия, на котором, кроме самой продажи, контактировали с разнообразными слоями израильского общества.

Нужно также упомянуть, что во время второй ливанской войны в 2006 г. мы выезжали в места сосредоточения наших солдат и дарили им наши книги.

В заключение одна цифра. Только в Израиле за эти годы издано более 200 наименований книг на разных языках...

ЧЕТЫРЕ ЯЗЫКА

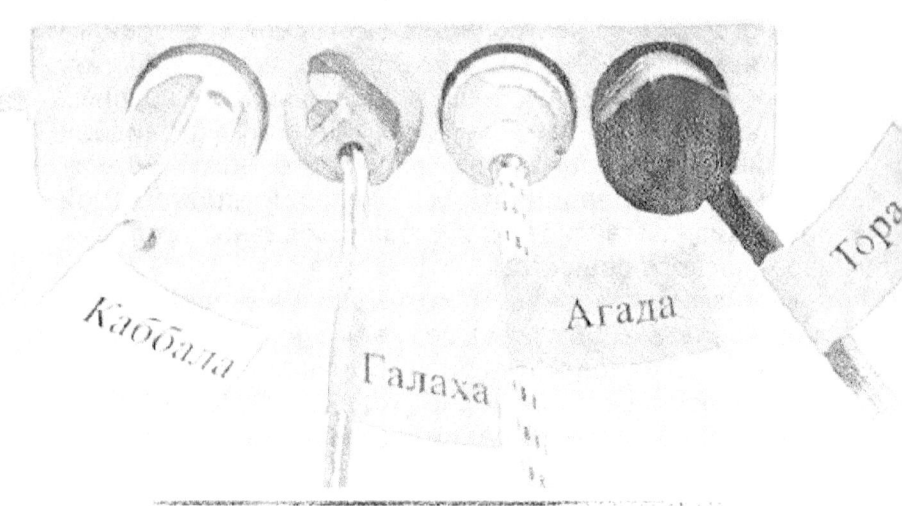

ЯЗЫК ВЕТВЕЙ
(каббалистический обзор)

Книга Зоар отличается очень необычным содержанием. В ней можно найти сразу несколько языков. Иногда это язык Талмуда, иногда язык Агады, иногда язык каббалы.

Сразу возникает вопрос – как не запутаться в таком тексте.

Дело в том, что в каббале существует особый метод передачи информации, так называемый «язык ветвей». Что это означает?

Как мы знаем, за любой материальной вещью или явлением стоят силы внутренние, непостигаемые внешним наблюдателем.

Возьмем, к примеру, холодильник. Мы знаем, что этот необходимый в хозяйстве прибор работает с помощью электрического тока. Мы умеем замерять силу, напряжение и даже частоту электрического тока, однако что он представляет собой на самом деле, мы можем только догадываться. Каббалисты работают на самом внутреннем уровне – корневом. Там, откуда исходят нити связей и управления к уровням более внешним.

Происходящие там процессы каббалисты пересказывают теми материальными понятиями, которые непосредственно связаны с понятиями внутренними. Такой способ передачи информации называется языком ветвей. Отсюда вытекает, во-первых, что такой текст может писать лишь человек, который видит связь между корнем и ветвью, а во-вторых, в таком тексте нельзя произвольно что-либо менять.

...для объяснения этой науки (каббалы) совершенно невозможно воспользоваться никаким другим языком мира, кроме особого «языка ветвей», который специально для этого предназначен и соответствует своим высшим корням...

...И не должно теперь вызывать удивление использование несоответствующих названий, так как нет свободы в их выборе, и нельзя поменять хорошее на плохое и плохое на хорошее.[99]

Язык ветвей – это, по сути, принцип передачи информации. Сама информация может быть облачена в 4 языка: Библии, Предписаний, Сказаний и Каббалы.

Таким образом, с помощью, скажем, исторического повествования можно передать самую сложную каббалистическую информацию. Вместе с этим, неискушенный читатель, не знакомый с внутренним кодом, увидит лишь внешнюю, видимую картину.

---

[99] Бааль Сулам. Суть науки каббала. Kitvei Baal Hasulam. ARI. Israel. 2009. P. 20.

КОНФЛИКТЫ И НАОБОРОТ

Каббала – это методика объединения людей. Уровень объединения, как ни странно, зависит от уровня разъединения. Говорится, что ученики Шимона Бар Йохая во время написания книги Зоар проходили очень специфические состояния:

> *Как хорошо и приятно отдыхать братьям вместе. Они настоящие друзья, когда сидят вместе и не расходятся. Вначале кажется, что они ведут между собой войну и готовы* **убить друг друга***. Однако потом они вновь возвращаются к братской любви.*[100]

Люди, которые с нами знакомы, очень удивляются, когда видят наши споры. В их понимании люди, говорящие безустанно об объединении, не могут конфликтовать между собой в принципе. Они ведь не знают, что дело не в разногласиях, которые иногда возникают практически на пустом месте, а в том, почему они происходят, и как мы их преодолеваем.

С другой стороны, недоумение сторонних наблюдателей вполне объяснимо, поскольку внешне наши разногласия выглядят как обычные производственные отношения.

Для примера хочу показать два письма, которые я когда-то получил от своих товарищей-подчиненных. Имена по понятным причинам заменены буквами.

---
[100] Zohar for All. Kabbalah Publishers. Israel. 2014, vol. 12. P. 20.

Начальнику хозяйственного отдела
Докладная
/ДАТА/

В субботу вечером произошла ссора между начальниками кухни и начфином. Во время подготовки вечерней трапезы на кухню зашел начфин А. Не разобравшись в ситуации, которая была в тот момент на кухне, он начал кричать на начальника кухни. Пренебрегая уважением к товарищам, которые там работали, он начал в грубой, оскорбительной форме высказываться в адрес начальника кухни, который в тот момент находился там. Своим поведением вышеупомянутый А нарушил здоровую атмосферу, созданную коллективом, работающим на кухне.

Прошу начальника производства разобрать поведение начфина, выявить причины этого поведения и принять меры для пресечения подобных поступков в будущем со стороны начфина.

Начальник кухни Б.

Надо сказать, что у начфина А было собственное мнение по данному вопросу, которое он изложил очень подробно в длинном письме. Текст публикуется в сокращенном виде. Ивритизмы – переведены.

Начальнику хозяйственного отдела
/ДАТА/

В последнее время работники пищеблока игнорируют выполнение своих функциональных обязанностей (утвержденных начальником хозотдела), что мешает нормальной совместной работе с финансовым отделом организации.

Крайне недопустимо то, что происходит в последнее время:

– заказы в финансовый отдел предоставляется не вовремя и не в полном объеме и необходимой форме, так до настоящего времени (дата) не передан заказ, срок предоставления истек (дата);

– нет полного контроля со стороны ответственного за кухню за рациональным использованием продуктов (салаты, рыба, зелень, мясо);
– нет в пищеблоке ответственного за координацию действий между подразделениями, как результат отсутствие слаженной работы (пример сегодняшняя проблема с получением товара).

Подобного рода проблемы есть каждый раз, и все они отрицательно сказываются на общем состоянии товарищей, качестве приготовляемой пищи, а также ведет к дополнительным финансовым затратам...

...В связи с вышеизложенным, прошу оказать содействие в устранении вышеперечисленных недоразумений.

А также потребовать от ответственного за кухню передать в финансовый отдел (до пятницы 6:00) в электронном варианте заявку для проверки и окончательный заказ до воскресенья 6:00...

Начфин производства А.

Почему все это я выставил на всеобщее обозрение? Просто вспомнил, как в свое время ученики рабби Шимона, преодолев, казалось бы, обычные человеческие конфликты, написали одну из величайших книг в истории человечества. Надеюсь, что те конфликты, которые у нас происходят и которые мы преодолеваем с помощью каббалистической методики, тоже помогут написать «нашу книгу».

КАК ПОБЕДИТЬ BDS
(обзор прессы)

Государство Израиль, а точнее, Министерство стратегического планирования, объявило о выделении 1.2 миллиона шекелей на особую рекламную кампанию, направленную против скандально известной организации BDS.

Несколько слов об этой организации. По данным Википедии Boycott, Divestment and Sanctions (сокращенно – BDS, с англ. – «Бойкот, изоляция и санкции») – глобальная политическая кампания и общественное движение, призывающее к экономическому и политическому давлению на Израиль. Считается, что история этой организации началась с конференции в Дурбане (ЮАР) в 2001 году.

Одним из основателей BDS является Омар Баргути. Он родился в Катаре, проживал в Египте, вступил в брак с израильтянкой арабского происхождения, после чего получил гражданство Израиля.

Судя по этим данным, организация существует почти два десятка лет, почему же антибидиэсовский маховик начал набирать обороты лишь сейчас? Похоже, этому способствовали два громких события последнего времени.

Одно из них произошло в германском федеральном собрании – Бундестаге. Парламентарии Германии подавляющим большинством проголосовали за признание BDS антисемитским политическим движением. Это постановление не осталось не замеченным. На защиту BDS поднялись серьезные силы. Источник этих сил расположен не в Европе, Америке и даже не

в мусульманском мире. Местонахождение этих сил – государство Израиль. Речь идет о 240 израильских профессорах, представляющих академическую элиту страны, которые вышли с открытым воззванием в защиту BDS.

Для ясности стоит добавить, что по поводу деятельности BDS президент Израиля Реувен Ривлин сказал следующее: «BDS не стремится к миру и даже не помогает нашим палестинским соседям. Это движение стремится к делегитимации самого существования Государства Израиль».

И вот здесь возникает непростой вопрос. Как бороться с BDS, если верные сторонники этой организации находятся не где-то там за рубежом, а внутри самого Израиля?

Попробуем посмотреть на проблему шире. Почему к Израилю и к евреям такое внимание со стороны всего мира? Не будем говорить о претензиях и обвинениях. Только перечисление таковых займет тома. Хочется поговорить о другом, – о благодарностях. Интересно, еврейский народ кто-нибудь, когда-нибудь за что-нибудь благодарил? Ведь были же у еврейского народа достижения, принесшие бесспорную пользу.

Хорошая область для такого рода исследования – медицина. Великих победителей болезней знает весь мир. Кому не известны имена Гиппократа или Пастера? Евреи тоже внесли свою лепту в оздоровление человечества, например, в лечении такой страшной болезни, как чума.

Краткая историческая справка.

Эпидемия этой болезни (в 551–580 г.), так называемая «Юстинианова чума» унесла жизни более 100 млн. человек! В XIV-ом веке в Европе от этой болезни умерло около 25 миллионов человек! Эти факты, а также то, что в Западной Европе были уничтожены 300 еврейских общин, обвиненных в распространении этих болезней, навсегда остались в истории. Почти не известно другое, – кто и когда победил эту болезнь.

Этого человека зовут Владимир Аронович Хавкин. Он разработал, испытал на себе и впервые внедрил в медицинскую практику противочумную и противохолерную вакцины. Этими вакцинами человечество пользуется до сих пор.

О том, почему о Хавкине не говорят, можно спорить. Бесспорно другое. Еврейский народ обвиняют во всех смертных грехах, а вот благодарят не часто. Интересно, за какие достижения все-таки благодарят еврейский народ? Оказывается, эти достижения, как правило, находятся в определенной сфере.

> *Даже если бы я был атеистом и верил в слепую судьбу, то все равно я бы верил в то, что этой судьбе было угодно, чтобы именно евреи были избраны для хранения и передачи всему миру идеи о высшем разуме, могучем и мудром, правящем Вселенной, что является великой* **основой всей морали** *и как следствие – всей цивилизации. Джон Адамс – 2-й президент США.*

На эти еврейские достижения уже в виде пожеланий и вопросов указывают также люди с антисемитскими взглядами:

> *...Вопрос только в том: много ли удастся сделать этим новым, хорошим людям из евреев, и насколько сами они способны к*

*новому и прекрасному делу **настоящего братского единения**?*
Федор Достоевский – русский писатель и мыслитель.

Может быть, это случайность? Также не исключено, что взгляды этих людей обусловлены природным идеализмом, замешанном на религиозных и других убеждениях. В любом случае, известные еврейские мыслители говорят в принципе о том же.

Сегодня каждый еврей чувствует, что быть евреем – это означает отвечать не только перед своим народом, но и перед человечеством. В конце концов, быть евреем означает прежде всего знать и воплощать в жизнь заложенные в Библии гуманистические основы, без которых невозможно здоровое гармоничное человеческое сообщество.
Альберт Эйнштейн

В общем, складывается такая картина. Еврейский народ если и благодарят, то большей частью за морально-этические ценности, связанные с единобожием и единением людей.

Ожидание от еврейского народа примера единения неслучайно. Потенциал к этому у народа существует, хотя и принимает он сегодня гротескные формы. Израильтяне находят возможность объединяться с противниками собственной страны за границей, а не со своими соотечественниками на автострадах и в Кнессете.

BDS – это симптом нашей болезни, причина которой – разобщение. Чтобы победить болезнь, нужно направить главные усилия не на симптомы, а на причину.

Мы можем сказать, что единение с другими людьми невозможно. Что наш исторический опыт говорит большей частью о разобщении народа. Действительно, с этим трудно спорить. Вместе с тем, не будем закрывать глаза на то, что именно от объединения зависит наше будущее безотносительно к тому, что мы об этом думаем.

> *В словах «возлюби другого, как себя» заключен высший призыв, включающий в себя всю этику мира. Государство Израиль сможет реализовать себя только в случае выполнения этого условия на всех уровнях жизни общества.*
> *Давид Бен-Гурион – первый премьер-министр Израиля.*

> *...нам надо организовать для себя особое воспитание... дабы внести в каждого из нас чувство любви к народу – и индивидуума к индивидууму, и индивидуума к обществу – вновь открыв для себя народную любовь, коренившуюся в нашей среде еще тогда, когда мы жили на своей земле, как один из народов. И работа эта предваряет любую другую.*
> *Бааль Сулам – величайший каббалист 20-го века.*

ОБ УЧИТЕЛЕ

Эта глава посвящена не Учителю, а тому, как я лично его видел и воспринимал.

О том, как и где я с ним встретился впервые, я уже рассказывал в начале. Сейчас расскажу о том, как и при каких обстоятельствах впервые мне удалось поговорить с ним на тему, не имеющую прямого отношения к каббале.

Это произошло где-то через год после того, как я начал приезжать на шаббаты в Бней-Брак. Шаббат (суббота) начинается вечером в пятницу (йом шиши). В этот день в определенный момент начинают действовать запреты на зажигание огня, а также на пользование электрическими приборами и, естественно, на движение транспорта.

В ту пятницу, о которой пойдет речь, я рано утром привел грузовой поезд из Лода в Бней-Брак, а потом ожидал, пока разгрузят вагоны, чтобы вернуть их обратно в Лод. На выгрузке что-то пошло не так. В какой-то момент стало ясно, что я могу не успеть вовремя вернуться в Лод, чтобы затем попасть в Бней-Брак до наступления шаббата. Не буду вдаваться в подробности, только скажу, что поезд в Лод не отправился, а я пешком пришел на улицу Райнес в Бней-Браке.

О том, почему на мне рабочая одежда, а не белая рубаха, я поделился с кем-то из ребят и, казалось бы, на этом тема исчерпана. Однако вскоре ко мне подошел Учитель и спросил, что случилось. Мой рассказ его очень взволновал, и он сказал: «Ведь тебя могут уволить!». К тому времени я уже сделал свой выбор и потому ответил так: «я когда-то занимался серьезно

спортом, и у нас в таких случаях говорили, что если работа мешает спорту, то бросают работу...»

Не знаю, что он подумал, однако я с тех пор не провел ни одного шаббата вне Бней-Баруха.

Другой эпизод произошел лет пять спустя, уже после того, как я уволился с ж/д. и когда ББ был уже в Петах-Тикве на ул. Жаботинского

В то время на нашей кухне наступила, говоря словами профессора Преображенского, разруха. Начальников меняли, а разруха продолжалась. Так или иначе, но начальником кухни назначили меня. Не буду рассказывать, как и что было сделано, но через месяц кухня начала готовить пищу, которая всех удовлетворила.

В одну из пятниц, когда весь ББ сидел уже за столами в ожидании начала трапезы, я как раз зашел в зал, чтобы сесть за стол. Учитель меня увидал, и громогласно объявил: «А вот и он, Бааль Улам (хозяин зала)». Эта фраза однозначно ассоциируется с именем Бааль Сулам, а потому привела меня в замешательство...

Учитель между тем продолжил. Он высказался в том духе, что кухня теперь прекрасно работает, а вот наше предприятие работает плохо. Затем без паузы обратился ко мне с вопросом – не хочу ли я возглавить все наше производство. В других обстоятельствах я вряд ли бы решился на такой «подвиг», но тогда ответил – да.

Вскоре я начал работать начальником нашего предприятия и руководил им с переменным успехом в течении двух лет. Мои взаимоотношения с Учителем как с непосредственным начальником, так же, как и наша каббалистическая жизнь, знали подъемы и падения, но это уже другая тема...

И все-таки я хочу поделиться одним своим наблюдением. На моих глазах произошло несколько событий, к которым подходит лишь одно определение: «нечеловеческий альтруизм»...

МИХАЭЛЬ ЛАЙТМАН И ИНТЕГРАЛЬНЫЙ МИР
(исторический обзор)

Михаэль Лайтман родился в Витебске, после окончания Второй мировой войны, в 1946 году. Война оставила тяжелые воспоминания в его семье. Многие из его родственников погибли в Катастрофе.

Родители – медики, мама из религиозной семьи, отец из семьи атеистов. Уже в возрасте 7-8 лет Михаэль начал задавать вопросы об устройстве мира и места человека в нем. Ответы взрослых его не удовлетворили, и в книгах, а потом в науке он продолжил поиски ответов на свои «детские» вопросы.

В школе его интересовали точные науки. В 1971 году он окончил Северо-Западный заочный политехнический институт, где изучал биологическую и медицинскую кибернетику. Наука могла объяснить, как рождается, живет и функционирует такая сложная система, как человеческий организм, но на вопрос: «Зачем и кому нужен этот механизм?» – она ответа не давала.

> *Если только обратим внимание на всем известный вопрос, уверен я, что все остальные вопросы и сомнения исчезнут с горизонта, и, посмотришь по сторонам, а их и нет. Речь идет о гнетущем вопросе, задаваемом каждым родившимся на земле: «В чем смысл нашей жизни?»*[101]

---

[101] Бааль Сулам. Предисловие к «Учению десяти сфирот». Kitvei Baal Hasulam. ARI. Israel. 2009. P. 769.

Михаэль решил уехать в Израиль и там продолжить свои поиски. Он подает заявление на выезд и получает отказ. Лишь через четыре года он с женой и маленьким сыном смог выехать из Советского Союза.

В те годы из СССР выехали тысячи евреев, но до Израиля доехали единицы, большинство осталось в Европе или отправилось за океан. Михаэля не оставляла уверенность, что его место – Израиль.

По приезду в страну в 1974 г. он почти сразу начал работать. Семья хорошо обустроилась в стране, родились дочери, но желание понять по-настоящему этот мир Михаэля не оставляло.

Он начинает изучать каббалу, но скоро понимает, что это древнее знание самому не одолеть. Долгие поиски в 1979 г. приводят его к РАБАШу (Барух Шалом а-Леви Ашлаг). Это был старший сын и ученик известного каббалиста Бааль Сулама – автора комментария на Книгу Зоар.

Эта встреча полностью изменяет его жизнь. С этого момента Михаэль всегда рядом с РАБАШем. Еще при жизни Учителя он сам начинает преподавать каббалу и писать книги...

В 1991 году РАБАШ умирает. Через год Михаэля уговаривают начать преподавать каббалу.

В 1998 году он и группа «Бней Барух» (сыновья Баруха), названная им так в честь своего Учителя, начинает раскрывать миру каббалу – то, чего так хотели РАБАШ и его отец Бааль Сулам. Начиная с 1999 года начинаются прямые интернет-трансляции на весь мир.

Усилиями М. Лайтмана каббала, наконец, начала широко открываться миру тем, чем она была изначально – наукой, способной ответить на вопрос «почему?». Почему рожден человек? Почему этот мир враждебен

человеку? И наконец, что надо делать, чтобы человеку было хорошо в этом мире?

> Не может быть двух мнений по поводу цели творения, ведь она едина для всех: для черных, белых и желтых, – без различия в происхождении, до самого нижнего уровня творения, которым является эгоистическая любовь, что владеет человечеством.[102]

Каббала говорит, что единство – это закон природы. Эгоистический путь развития человечества закончился.

---
[102] Бааль Сулам. Поручительство. Kitvei Baal Hasulam. ARI. Israel. 2009. P. 394-395.

Мир стал глобальным и интегральным, поэтому и человечество должно стать единым организмом.

С 2002 года деятельность М. Лайтмана приняла еще более масштабный характер. Книги, радиопередачи, публикации в СМИ, Интернет и наконец, международные турне с лекциями приводят к появлению групп в Москве, Нью-Йорке, Санкт-Петербурге, Киеве. По прошествии времени «каббалистическая эпидемия» захватила Боливию, Мексику, Чили, Хорватию, Германию, Италию, Камерун, Австралию и другие страны. С этого момента начинают собираться первые мировые конгрессы.

В 2004 году Михаэль Лайтман защищает докторскую диссертацию. На вопрос: «Зачем вам научная степень?» – следует прямой ответ: «Люди готовы слышать о каббале не от каббалиста Лайтмана, а от доктора Лайтмана, значит, я обязан стать доктором».

В том же, 2004 году, он знакомится с Эрвином Ласло, основателем и руководителем «Будапештского клуба», который еще в начале 60-х годов говорил о надвигающемся кризисе. Михаэль Лайтман солидарен с ним и предлагает методику преодоления кризиса. Об этом он говорит на встрече Всемирного Совета Мудрости в Японии (The 3rd World Wisdom Council meeting, Tokyo, Japan) перед пятитысячной аудиторией.

В Германии он выступает перед ведущими мировыми учеными (The New Planetary Consciousness, World Wisdom Council Dusseldorf).

Он встречается с принцессой Голландии, с представителями Ватикана, с режиссерами и сценаристами в Лос-Анжелесе.

В 2005 году происходит встреча с учеными-физиками, героями популярного фильма «What the Bleep Do We Know?» (Symposium with Quantum Physics Scientists,

San Francisco, USA). Идет непростой разговор о том, что задача ученых не в изменении мира вокруг, а в изменении человека.

В Берлине, на площади Бебельплац 9 сентября 2006 года, происходит знаменательное событие. Здесь собираются более 100 известнейших философов и мыслителей современности. Они должны ответить на 100 важнейших вопросов, которые задаются им самыми разными людьми планеты.

Михаэль Лайтман озвучивает мысль, которую из глубины веков передают каббалисты – все проблемы мира от нашей разобщенности, которая растет и становится угрожающей. Пока мы ее не преодолеем, мир будет безостановочно падать в пропасть. Остановить падение может система интегрального воспитания, созданная на основе науки каббала.

В 2006 году, в Аросе (Wisdom in Action, The 3rd World Spirit Forum in Arosa, Switzerland) Михаэль Лайтман с высокой трибуны предупреждает о приближающемся кризисе. Он предлагает конкретные шаги, которые необходимо начать делать прямо сейчас. Его слушают, кивают, соглашаются, но на этом все и заканчивается.

В преддверии надвигающегося кризиса, в 2007 году Михаэль Лайтман совершает осенний тур по Америке и Канаде. Он дает интервью таким СМИ, как Forbes, Chicago Tribune, Fox News Radio, The Miami Herald, Terra, Telemundo Chicago, Bloomberg TV... Множество людей увидели, услышали доктора Лайтмана, но на этом все и заканчивается...

В 2008 году действительно разразился мировой экономический кризис. Михаэль Лайтман не торжествует, в нем только горечь, что не был услышан...

С 2009 года его программа интегрального воспитания совершенствуется на конгрессах в Израиле, Турции, Мексике, Нью-Йорке, Торонто, а в 2011 году эта программа передается генеральному директору Юнеско Ирине Боковой...

На следующий год Михаэль Лайтман встречается с первым заместителем Генерального секретаря ООН доктором Аша-Роуз Мигиро. И с ней он говорит о системе интегрального воспитания. Между поездками он проводит 130 виртуальных встреч с известными учеными, политиками, общественными деятелями и деятелями культуры.

На встрече с представителем Европейской комиссии Эмилио Далмонте Михаэль Лайтман рассказывает,

что Евросоюзу угрожает распад, и это уже не является новостью для его собеседника. Лайтман объясняет причины происходящего и предлагает устроить встречу с руководством Евросоюза, чтобы изложить программу выхода из этого кризиса. Однако этой встречи не произошло...

Это было в 2012 году. Сегодня, после Брексита, уже ни у кого нет сомнений, что доктор Лайтман в очередной раз был прав.

С 2014 года он печатает статьи на самых престижных сайтах и газетах мира: The New York Times, CNN, Bloomberg TV, Fox News, Chicago Tribune, Corriere della Sera, The Miami Herald, The Huffington Post, Jpost, Haarez, Ynet, Times of Israel и др. Его читают миллионы...

В феврале 2014 года впервые метод «круглые столы», как универсальный инструмент интегрального образования и воспитания, был испытан на международном конгрессе. В этом конгрессе, который проходил в выставочном комплексе «Ганей-Тааруха», в Тель-Авиве, приняло участие около 8 тысяч человек, включая 2,5 тысячи гостей из 63 стран! География зарубежных участников поражает пестротой: Сибирь, Аляска, Африка, США, Чили, Мексика, Китай, Япония, Македония, Грузия…

Еще одна немаловажная деталь, которая очень характеризует атмосферу, царившую на конгрессе. Обслуживанием конгресса – от приготовления пищи (а это 25000 порций) и до симультанных переводов на 10 языков – занимались сами участники конгресса.

Стороннему наблюдателю невозможно представить, что человек, приехавший из Чили и заплативший за авиабилет сумму, эквивалентную его полугодовой зарплате, с удовольствием может мыть посуду на кухне рядом со своим коллегой из Минска…

С 2015 года начинается новый уникальный эксперимент. Ученики по всему миру соединяются в небольшие группы – десятки. За этой методикой тысячелетние корни. Самые известные каббалисты прошлого – РАШБИ, АРИ, БЕШТ – использовали этот способ объединения людей.

Последние годы: 2016, 2017, 2018, 2019, 2020… также полны встреч, поездок, лекций. На встрече с лауреатом Нобелевской премии Эли Визелем Михаэль Лайтман объясняет причины Катастрофы. Интервью с известнейшим тележурналистом Ларри Кингом, которое длилось полтора часа вместо запланированных 15 минут. Открытые письма в Ватикан, в администрацию американского президента, выступление на

FREQUENCIES

BUL	105.5	MHz
ENG	90.8	MHz
RUS	92.5	MHz
ESP	104.6	MHz
FRE	107.5	MHz
ITA	101.8	MHz
GER	100.9	MHz
TUR	98.6	MHz
LIT	94.8	MHz
CZE	94.1	MHz
CHI	97.5	MHz
RUM	102.4	MHz
		MHz

израильско-американской конференции в Вашингтоне, конгрессы в Сантьяго, Сан Паоло, Гвадалахаре, Нью-Джерси...

Такая бурная деятельность по объединению людей нравится не всем. Несмотря на это, процесс, связанный с распространением каббалы – самой востребованной науки 21-го века, продолжается и расширяется.

На сегодня можно подвести некоторые итоги. Благодаря Михаэлю Лайтману работают: сайт на 36 языках, единая система виртуального обучения, кабельное телевидение в Израиле, мировая трансляция на десятках языков. Им написано более 70 книг, переведенных на 40 языков, ведется блог на 22 языках. Подготовлено 230 квалифицированных преподавателей. Создано 156 групп в 70 странах мира. Около 2 миллионов учеников со всех континентов, разных национальностей, религий, цвета кожи, участвуют в процессе совершенствования методики объединения. То, что когда-то начал Бааль Сулам и его сын РАБАШ, продолжает воплощаться в жизнь...

> *Когда человечество достигнет своей цели на телесном, материальном уровне, то есть поднимется на совершенную ступень любви к ближнему, когда все люди мира сплотятся, как единое тело, единое сердце (как сказано об этом в статье «Мир»), только тогда во всей своей полноте раскроется счастье, ожидающее человечество.*[103]

---

[103] Бааль Сулам. Свобода воли. Kitvei Baal Hasulam. ARI. Israel. 2009. P. 426.

КОРОНАЭПОХА

Китайская пословица гласит: «Не дай вам бог жить в эпоху перемен»

Я позволю себе с этим не согласиться. Прежде всего потому, что другой эпохи мы просто не знаем. Весь двадцатый век, не говоря уже про наше время – это сплошные перемены. Причем с каждым разом они все более глобальные и регулярные.

Раньше, чтобы встряхнуть до основания весь мир, нужны были многомилионные жертвы и годы, как в случаях с мировыми войнами и эпидемиями. Теперь такие жертвы и столько времени больше не нужны. Достаточно было коронавирусу собрать несколько тысяч жертв на протяжении считанных недель, как весь мир встал на колени.

Перемены, которые начались вслед за этим, еще похлеще. Теперь смерть всего лишь одного человека в Америке опускает мир на колени, причем в прямом смысле этого слова.

Не удивляйся, что один человек может вызвать возвышение или падение всего мира. Это нерушимый закон, согласно которому часть и целое равны, как две капли воды, и все совершающееся в целом, совершается также и в его части.[104]

Где мы, что мы, зачем мы? Этот вопрос сегодня уже волнует не только каббалистов. Этот вопрос застыл на

---

[104] Бааль Сулам. Предисловие к книге Зоар. Kitvei Baal Hasulam. ARI. Israel. 2009. P. 451.

устах или, по крайней мере, находится пока глубоко в подсознании практически всего человечества.

Каббала предупреждала об испытаниях, которые ожидают человечество, почти 6 000 тысяч лет назад. Но это не главное и даже не второстепенное. Важно то, что она логично, последовательно и основательно объясняет тему строения мироздания и на основании этого предлагает свою методику контроля за ситуацией.

Проблема нашего отношения к миру в том, что оно строится на предыдущем опыте, без понимания причин произошедшего. Каббала объясняет **причины** произошедшего, а также что и почему нам ждать в будущем. Не существует абстрактного каббалистического мировоззрения. Существуют законы и закономерности природы, которые раскрыла наука каббала.

Хотим мы этого или нет, человечеству придется воспользоваться каббалистической методикой, поскольку у нас других вариантов просто нет.

Желаю всем нам в этом успеха!

КОРОНАРЕВОЛЮЦИЯ
(обзор прессы)

Во время мировых войн, эпидемий, революций люди часто, громко, вслух мечтают о лучшей, а главное, о новой жизни, которая должна вскоре наступить.

«Эх, заживем!» – устремляя взгляд куда-то вперед, с пафосом говорят киногерои фильмов о войне.

Почему нам кажется, что после глобального несчастья должна прийти лучшая, чем прежде, жизнь?

Такого рода апгрейды (обновления) проходит каждое поколение.

Бабушек и дедушек зацепили революция, гражданская и вторая мировая войны. Родители из застойного, но предсказуемого социалистического равенства, не спрашивая разрешения, затолкали в демократический мир бедных и богатых.

Современное поколение и всех, кто остался из поколений предыдущих, накрыла маленькая, но очень глобальная и агрессивная Корона.

Мир разделился на тех, кто хочет вернуться туда, откуда нас взашей вытолкнул вирус, и тех, кто назад возвращаться не хочет.

Во всех поколениях есть люди, которые всеми силами держатся за прошлое, и всегда были такие, которые, невзирая ни на что, хотят начать жизнь с чистого листа.

Спрашивается, а что сейчас не так?

Оказывается, что список этих «не так» не так уж и мал. Если коротко: семейные неурядицы и разводы, войны и разруха, кризисы и голод, терроризм и преступность, падение цен на нефть и безработица, наркомания, депрессия, и так далее.

Но посмотрим с другой стороны.

У многих есть свои автомобили, квартиры и компьютеры с книжной мордой, то есть с Фейсбуком. У всех без исключения – мобильные телефоны и телевизоры с любимым сериалом и футболом.

И всё безостановочно крутится и работает как конвейер. Одни производят, другие рекламируют и продают, третьи все это перевозят тем, кто это покупает, и еще много других, которые разрабатывают полезные ископаемые для тех, кто это производит.

Нет, конечно, в перерывах мы кушаем, спим, воспроизводим новое поколение, занимаемся спортом, но это вещи тривиальные и речь не о них.

Если бы новый мир хотели только те, у которых чего-то не хватает, тогда было бы понятно. Однако о новом мире с другими ценностями говорят и те, у которых есть все.

Вирус показал нашу силу и наши слабости. Мы можем помочь пожилой соседке принести необходимые продукты и одновременно с этим не обращать внимания на просьбы Минздрава. Мы можем без отдыха самоотверженно спасать зараженных в больницах и одновременно с этим, вернувшись из Перу спецрейсом, со смехом отказаться пройти положенный карантин.

На уровне государств положение не лучше. Нам легче угробить экономики собственных стран, чем попросить население тех же стран соблюдать дистанцию в два метра в течение двух недель, чтобы остановить всемирную эпидемию.

Мы живем в замкнутом перетянутом бесконечными связями мире, а ведем себя как маленькие избалованные эгоистические дети.

Перефразируя профессора Преображенского, можно сказать, что эпидемия не на улице, а в наших головах.

Хорошая, а главное, новая жизнь к нам не свалится с небес, ее надо строить и строить сообща всем миром.

ЗАКЛЮЧЕНИЕ

Часто, особенно близкие люди, спрашивают, что тебе дала и дает каббала? Мне кажется, что в какой-то мере мне удалось ответить на этот вопрос. Если не говорить о высоких материях, которые трудно, а подчас и невозможно объяснить, попробую ответить тем, кого это интересует, простыми и знакомыми всем словами.

Прежде всего, я нашел ответы на те вопросы, которые мне начали «досаждать» с определенного возраста и не давали сидеть на месте. Говоря обычным, человеческим языком, я получил душевное равновесие.

Вместе с этим не надо путать это понятие с душевным спокойствием. Я знаю, что жизнь – это движение. А настоящая жизнь – это движение к настоящей и вечной цели. Тот факт, что с каждым годом таких людей становится все больше, с одной стороны, и направленная помощь Творца (Природы), выражающаяся в виде вирусов, кризисов и разного рода проблем с другой, говорит о том, что мы движемся и довольно быстро.

Невозможно сравнить человека, который встает утром и удивляется нелогичности и масштабу событий, происходящих в мире, с человеком, который встает еще раньше и удивляется тому, что пока он спал, ничего нового не произошло.

Эволюционный план природы изменить невозможно. Человечество придет к объединению. На самом деле сегодня это знают уже многие, но лишь единицы готовы с этим согласиться. А ведь для этого не нужно быть каббалистом. Достаточно просто посмотреть на происходящее в мире, освободившись всего лишь на минуту от петли стереотипов. Тогда муки рождения нового мира мы сможем превратить в муки созидания. В этом и заключается «главная задумка».

Мы называем сами себя венцом (короной) творения, а между тем нами правит КОРОНАВИРУС. Разве не обидно?

С другой стороны, коронавирус – это посланец Природы, который пришел не случайно. Кроме всего прочего, он нас вынудил не просто поменять наши приоритеты в торговле, транспорте и культуре. Он нас, по сути, заставил уйти от внешних ценностей и направил к ценностям более внутренним.

Человечество постепенно переходит в виртуальный мир, где важны взаимоотношения между людьми, а не то, в каком доме ты живешь, какие бриллианты ты носишь и на какой машине ты ездишь.

Все это, как и многое другое, уходит на второй и более дальние планы, уступая место вещам действительно необходимым и важным.

Нашу переходную эпоху можно так и назвать «ОНЛАЙН ЭПОХА». Она пришла к нам, не спрашивая нашего разрешения. Будем надеяться, что следующая эпоха: «ОКОНЧАТЕЛЬНОЕ ИСПРАВЛЕНИЕ» придет по нашей просьбе и при нашем творческом участии!

ОБ АВТОРЕ

Бруштейн Михаил, родился в 1959 г. в Одессе. Учился в Одесском железнодорожном техникуме и в Хайфском университете. Служил в СА. Мастер спорта СССР по гиревому спорту. Член союза писателей Израиля (СРПИ).
Работал на ж/д СССР и Израиля, в общественно-просветительской организации Бней-Барух – Каббала ла-Ам. Женат. Две дочери, внук и три внучки.

С 1991 г. живет в Израиле.
Работал машинистом пассажирских поездов, руководителем проектов, преподавателем, организатором конгрессов, продюсером на ТВ канале, выпускающим редактором газет и книг.

Печатается с 2001 г. Пишет книги, статьи, аналитические обзоры, фельетоны, рассказы, сказки и повести. Публиковался в израильских, российских, украинских, американских, канадских, немецких и казахском печатных изданиях – около 30. В интернет–изданиях – свыше 40 сайтов.

Автор книг: «Антисемитизм как закон природы», «Главный секрет евреев», «Каббала снимает маски», «Праздники и особые даты Израиля», «Неугомонный народ».
Книги, отдельные произведения и статьи переведены на: английский, болгарский, грузинский, иврит, испанский, итальянский, немецкий, нидерландский,

португальский, турецкий, сербский, румынский и украинский языки.

За серию эссе награжден в 2018 г. интернет-журналом «Наука и Жизнь Израиля» медалью «Science and Life of Israel».

Призы в Международном литературном конкурсе «Созвездие духовности» и в конкурсах «Союза писателей Израиля» 2020 г.

Продюсер фильма «Социальная сеть эпохи третьего рейха». Звания и награды на международных кинофестивалях в 2018 г.: в конкурсе документальных фильмов в г. Назарет (Израиль), фестивале независимого кино в Северной Америке, на Всемирном кинофестивале в Нью-Йорке.

Чемпион и рекордсмен мира по гиревому спорту среди ветеранов. Один из основателей ИФГС (Израильская федерация гиревого спорта). Был главным тренером сборной Израиля. Достижения воспитанников: звания МС СССР и МСМКУ, призер ЧМ среди профессионалов, рекордсмены мира среди ветеранов, чемпионы Европы и мира среди любителей и ветеранов. Команда Израиля занимала призовые места на ЧЕ и ЧМ.

Деятельность в Бней-Барух, 1998-2021 гг.

1. Помощник руководителя праздничных мероприятий.
2. Организатор праздничных мероприятий.
3. Организатор конгрессов.
4. Электрик.
5. Начальник отдела питания.
6. Преподаватель.
7. Начальник производства.
8. В разное время член всех общественных комиссий.
9. Начальник хозотдела.
10. Руководитель культурных программ.
11. Продюсер мюзиклов.
12. Главный технический продюсер 66 ТВ канала.
13. Начальник отдела новых продуктов: книги, мультфильмы, аудиодиски, футболки, игры и другое.
14. Ответственный за выпуск газет и другой печатной продукции на русском языке.
15. Ответственный за выпуск книг на всех языках.
16. Руководитель, редактор контент-отдела на русском языке.
17. Тренер.
18. Прораб.
19. Автор статей и книг.
20. Продюсер документальных фильмов, мультфильмов и ТВ программ.
21. Руководитель интернет-сайта.
22. Начальник книжного склада.

ПРИЛОЖЕНИЕ

АННОТАЦИИ КНИГ МЕЖДУНАРОДНОЙ АКАДЕМИИ КАББАЛЫ

СБОРНИК ТРУДОВ БААЛЬ СУЛАМА

Бааль Сулам (Йегуда Лейб Ашлаг, 1885–1954) является основоположником современной каббалы.

Материал подготовлена на основе статей Бааль Сулама и адаптирован М. Лайтманом и группой переводчиков Международной академии каббалы.

Публикуемые материалы содержат глубокий анализ различных общественно-политических проблем и показывает пути их решения. Это особенно актуально в наше время, когда все человечество погружается в глобальный кризис, требующий немедленного радикального решения.

УЧЕНИЕ ДЕСЯТИ СФИРОТ

Фундаментальный труд, соединяющий глубочайшие знания двух великих каббалистов – АРИ (XVI в.) и Бааль Сулама (XX в.). Это основной учебник по науке каббала, раскрывающий полную картину мироздания.

Материал данной книги основан на курсе основателя и главы Международной академии каббалы, д-ра Михаэля Лайтмана. Вы встретите здесь полный перевод оригинального текста первой части «Учения десяти сфирот», включая приводимые Бааль Суламом точные определения каббалистических терминов, его всесторонний анализ рассматриваемого материала в разделе «Внутреннее созерцание», а также понятный нашему современнику комментарий М. Лайтмана с чертежами и ответами на присылаемые вопросы.

СБОРНИК ТРУДОВ РАБАША
(многотомное издание)

РАБАШ (Барух Шалом Ашлаг, 1907–1991) – старший сын и ученик Бааль Сулама, величайшего каббалиста XX века, автора знаменитого комментария «Сулам» (Лестница) на Книгу Зоар. После смерти отца РАБАШ издал полный комментарий «Сулам» и остальные рукописи отца, а затем сам начал писать статьи по методике внутренней работы для тех, кто стремится постичь истинную реальность.

РАБАШ был первым, кто дал подробное, практическое описание этапов духовного пути человека.

Михаэль Лайтман, ученик РАБАШа, так говорит о наследии своего Учителя: «Это совершенно особые статьи. Я рос на них, они были написаны рядом со мной. А затем, читая их на протяжении многих лет, я видел, что они становятся человеку все ближе и реальнее, так что ты читаешь их уже не из книги, а изнутри, из души, которая раскрывается созвучно этим словам. Это произойдет со всеми, именно по той причине, что эти статьи написаны на основе полного постижения души».

Впоследствии из статей, записей, писем РАБАШа был составлен многотомник, смысловой перевод которого впервые представлен в этом издании. В начале 2021 года выпущено два тома на русском языке.

УСЛЫШАННОЕ (ШАМАТИ)

Статьи, записанные со слов каббалиста Йегуды Ашлага (Бааль Сулама) его сыном и учеником, каббалистом Барухом Ашлагом (РАБАШ). Издание составлено под руководством Михаэля Лайтмана, ученика и ближайшего помощника РАБАШа.

Книга дает читателю возможность прикоснутся к раскрытию мира, в котором вечно существует его «я». Это мир человеческой души.

Каждая статья повествует о внутренней работе человека, вставшего на путь самопознания. Если вы взяли в руки эту книгу – она для вас. Вы не обязаны сразу понимать прочитанное, это придет постепенно. Но глубину мудрости, скрытую в книге, вы ощутите с первых ее строк.

ПОСТИЖЕНИЕ ВЫСШИХ МИРОВ

«Среди книг и рукописей, которыми пользовался мой учитель, рав Барух Ашлаг, была объемистая тетрадь, которую он постоянно держал при себе. В этой тетради были собраны беседы его отца – великого каббалиста Йегуды Ашлага (Бааль Сулама). Он записывал эти беседы слово в слово – так, как они были услышаны им. В настоящей книге я попытался передать некоторые из записей этой тетради, как они прозвучали во мне», – так пишет в предисловии к книге ее автор, Михаэль Лайтман.

Цель книги: дать читателю возможность познать цель творения и помочь сделать первые шаги на пути к ощущению духовных сил.

ТАЙНЫ ВЕЧНОЙ КНИГИ
Каббалистический комментарий к Торе

Серия книг дает каббалистический комментарий к Торе (Пятикнижию), разворачивая перед читателем многослойное объяснение великой Книги.

Вам удастся прорваться сквозь внешние события, из которых на первый взгляд состоит повествование, к тому, о чем в ней действительно говорится: вы начнете захватывающее путишествие в свой внутренний мир.

Эти книги – путеводитель, руководство в продвижении для тех, кто задает вопросы о смысле жизни; это инструкция по открытию духовного мира, неискаженного восприятия рельности и свободы выбора, по постижению всего мироздания.

В течении 2021 года выдет в свет полное издание – 13 томов книги.

КНИГА ЗОАР
(многотомное издание)

До середины двадцатого века понять или прочесть Книгу Зоар могли лишь единицы. И это не случайно – ведь эта древняя книга была изначально предназначена для нашего поколения.

В середине прошлого века величайший каббалист 20-го столетия Йегуда Ашлаг (Бааль Сулам) проделал колосальную работу. Он написал комментарий «Сулам» (лестница) и одновременно перевел арамейский язык Зоар на иврит.

Но сегодня наш современник разительно отличается от человека прошлого века. Международная академия каббалы, основанная известным ученым-исследователем в области классической каббалы М. Лайтманом, желая облегчить восприятие книги современному русскоязычному читателю, провела грандиозную работу: впервые вся Книга Зоар была обработана и переведена на русский язык в соответсвии с правилами современной орфографии. На начало 2021 года вышли в свет 14 томов этого издания.

КАББАЛА ДЛЯ НАЧИНАЮЩИХ

Учебное пособие по каббале, составленно под руководством каббалиста, основателя и главы Международной академии каббалы Михаэля Лайтмана.

Этот материал впервые был опубликован в 2007 году и успешно многократно переиздавался под названием «Каббала для начинающих» в двух томах.

Каббала дает нам представление об устройстве системы сил, управляющей нашим миром, и о законах ее воздействия. Освоив представленный материал, вы получите начальные сведения о системе управления нашим миром и узнаете, каким образом органично, интегрально в нее включиться как активный элемент, способный изменить не только свое существование, но и будущее всего человечества.

Международная академия каббалы
https://www.kabbalah.info/rus/

Учебно-образовательный интернет-ресурс – неограниченный источник получения достоверной информации о науке каббала.

Сайт дает доступ к уникальному контенту: библиотеке каббалистических первоисточников, к широкому спектру передач и лекций на телеканале Каббала ТВ, включая прямую трансляцию уроков основателя и главы Международной академии каббалы Михаэля Лайтмана для всех, кто занимается углубленным изучением науки каббала и исследованием каббалистических первоисточников.

Обучающая платформа
Междунарородной академии каббалы
https://kabacademy.com/

Миллионы учеников во всем мире изучают науку каббала. Выберите удобный для вас способ обучения на сайте.

Наша онлайн-платформа позволит вам познакомиться с уникальными каббалистическими источниками, пройти обучение у лучших преподавателей академии, общаться в онлайн-сообществе, получить индивидуальное сопровождение помощника-тьютора.

**Интернет-магазин
каббалистической книги**

Россия, страны СНГ и Балтии:
https://kbooks.ru

Америка, Австралия, Азия
https://www.kabbalahbooks.info/

Европа, Африка, Ближний Восток
https://books.kab.co.il/ru/

МИХАИЛ БРУШТЕЙН

КАББАЛИСТЫ
XXI ВЕКА

ГРУППА БНЕЙ-БАРУХ ГЛАЗАМИ УЧЕНИКА

ISBN 978-965-551-028-7
DANACODE 760-162

Корректоры: П. Календарев, Е. Ларионова.
Дизайн: А. Мохин, А. Сопов.
Выпускающий редактор: С. Добродуб.

www.ingramcontent.com/pod-product-compliance
Lightning Source LLC
LaVergne TN
LVHW021801060526
838201LV00058B/3194